DINO BUZZATI

DODICI RACCONTI

DOUZE NOUVELLES

Choix, traduction et notes par
Christiane et Mario COCHI

POCKET

Langues pour tous

Collection dirigée par Jean-Pierre Berman, Michel Marcheteau et Michel Savio

ITALIEN

□ Pour débuter ou tout revoir
- **40 leçons pour parler italien** (CD)

□ Pour se perfectionner et connaître l'environnement :
- **Se perfectionner en italien** (CD)

□ Pour se débrouiller rapidement :
- **L'italien tout de suite !** (CD)
- **L'italien tout de suite 100 % audio « mains libres »** (CD)

□ Pour évaluer et améliorer votre niveau :
- **200 tests pour progresser en italien**

□ Pour s'aider d'ouvrages de référence :
- **Vocabulaire de l'italien moderne**
- **Conjugaison italienne à 1,50 €**

□ Pour prendre contact avec des œuvres en version originale :
- **Série bilingue :**

- **Nouvelles □□ D. Buzzati**
- **Nouvelles italiennes d'aujourd'hui □□**
  V. Brancati, D. Buzzati, I. Calvino, G. Celati, A. Moravia, L. Pirandello, L. Sciascia.
- **Nouvelles italiennes contemporaines □□□**
  I. Svevo, E. Vittorini, T. Landolfi, etc.
- **Dix auteurs classiques italiens**
- **L. Pirandello □□□**
  Trois nouvelles

(CD) = Existence d'un coffret : Livre + (CD)

Attention : Les CD ne peuvent être vendus séparément du livre.

➨ Le livre seul est disponible (sauf dans la collection Version Originale).

Autres langues disponibles dans les séries de la collection **Les langues pour tous :**
ALLEMAND - ANGLAIS - AMÉRICAIN - ARABE - CHINOIS - CORÉEN - FRANÇAIS GREC - HÉBREU - ITALIEN - JAPONAIS - LATIN - NÉERLANDAIS - OCCITAN POLONAIS - PORTUGAIS - RUSSE - TCHÈQUE - TURC - VIETNAMIEN

Sommaire

- Comment utiliser la série « Bilingue » 5
- Signes et principales abréviations utilisés dans les notes 6
- La vie et les œuvres de Dino Buzzati 7

Denuncia del reddito – La déclaration de revenus 9

Non è mai finita – Ça n'est jamais fini 17

Delicatezza – Délicatesse 27

Cenerentola – Cendrillon 41

Il buon nome – L'honneur du nom 55

Dal medico – Chez le médecin 71

Vecchia auto – Vieille voiture 85

La farfalletta – Le petit papillon 103

Tre storie del Veneto – Trois histoires de Vénétie 119

L'elefantiasi – L'éléphantiasis 137

L'ubiquo – L'ubiquiste 155

L'uovo – L'œuf 175

Vocabulaire (italien-français) 197

ISBN : 978-2-266-13977-9

Michel Cochi, *issu d'une vieille famille florentine installée en France à la fin du siècle dernier, a enseigné à l'École Commerciale de la Chambre de Commerce et d'Industrie de Paris (E.C.C.I.P.) comme professeur de gestion d'entreprise et est titulaire d'une licence de lettres. Il a fait paraître aux Éditions Saint-Germain-des-Prés sous le titre « DÉSIRS suivi de MISCELLANEA » un recueil de poésies lyriques d'inspiration variée, conformes aux règles de la prosodie classique.*

Christiane Cochi, *sa fille, est agrégée d'italien. Elle a enseigné au lycée Condorcet et à l'École Supérieure de Commerce de Paris. Elle a participé à la publication de « L'italien à l'entrée des Grandes Écoles » (Éditions Ellipses 1985) et est l'auteur de « L'italien économique et commerciale » ainsi que de la « Grammaire italienne pour tous », paru aux Éditions Pocket dans la Collection « Les Langues pour tous ».*

Comment utiliser la série « Bilingue » ?

Cet ouvrage de la série « Bilingue» permet aux lecteurs :
• d'avoir accès aux versions originales de textes célèbres, et d'en apprécier, dans les détails, la forme et le fond ; en l'occurrence, ici, des nouvelles de **Dino Buzzati** ;
• d'améliorer leur connaissance de l'italien, en particulier dans le domaine du vocabulaire dont l'acquisition est facilitée par l'intérêt même du récit, et le fait que mots et expressions apparaissent en situation dans un contexte, ce qui aide à bien cerner leur sens.

Cette série constitue donc une véritable méthode d'auto-enseignement, dont le contenu est le suivant :
• page de gauche, le texte en italien ;
• page de droite, la traduction française ;
• bas des pages de gauche et de droite, une série de notes explicatives (vocabulaire, grammaire, rappels historiques, etc.).

Les notes de bas de page et la liste récapitulative à la fin de l'ouvrage aident le lecteur à distinguer les mots et expressions idiomatiques d'un usage courant et qu'il lui faut mémoriser, de ce qui peut être trop exclusivement lié aux événements et à l'art de l'auteur.

Il est conseillé au lecteur de lire d'abord l'italien, de se reporter aux notes et de ne passer qu'ensuite à la traduction ; sauf, bien entendu, s'il éprouve de trop grandes difficultés à suivre le texte dans ses détails, auquel cas il lui faut se concentrer davantage sur la traduction, pour revenir finalement au texte anglais, en s'assurant bien qu'il en a maintenant maîtriser le sens.

Signes et principales abréviations utilisés dans les notes

⚠	attention à...
▲	faux ami
≠	antonyme, contraire
adj.	adjectif
adv.	adverbe
art.	article
Cf.	confer, voir
cond.	conditionnel
compl.	complément
dim.	diminutif
expr.	expression
fém.	féminin
ind.	indicatif
intrans.	intransitif
inv.	invariable
irrég.	irrégulier
litt.	littéraire
m.à m.	mot à mot
masc.	masculin
nég.	négatif
plur.	pluriel
pop.	populaire
p. p.	participe passé
préf.	préfixe
prép.	préposition
prés.	présent
pron. pers.	pronom personnel
p. s.	passé simple
rég.	régulier
sing.	singulier
subj.	subjonctif
subst.	substantif
suff.	suffixe
syn.	synonyme
v.	verbe

LA VIE ET LES ŒUVRES de DINO BUZZATI

Né le 16 octobre 1906, près de Belluno (Vénétie), Dino Buzzati Traverso passe son enfance à Milan où vit sa famille. Son père enseigne alors le droit international à l'Université de Pavie et de Milan. Dino Buzzati continuera d'habiter Milan avec sa mère, et ne se mariera qu'après le décès de celle-ci, survenu à plus de quatre-vingt-dix ans. Suivant les traditions familiales, il fréquente d'abord le lycée classique, puis s'inscrit à la faculté de droit, malgré l'attrait qu'il ressentait déjà pour les disciplines littéraires.

Entré en 1928 au grand quotidien milanais *Corriere della sera*, il y restera jusqu'à sa mort. Journaliste de tempérament, il s'attache à son métier avec passion. Un de ses livres : *Le notti difficili* (*Les nuits difficiles* ou *Le rêve de l'escalier*) est, en fait, un recueil de quelques-unes de ses pages littéraires (« elzeviri »), publiées dans le *Corriere della sera* et colligées par lui-même.

Menant de front son activité professionnelle de journaliste et celle de romancier et de conteur, Buzzati fait paraître, en 1933, son premier ouvrage : *Barnabò delle montagne (Barnabò des montagnes)*, mais c'est en 1940 qu'est publié le roman qui va le rendre célèbre dans le monde entier : *Il deserto dei Tartari (Le désert des Tartares)*, traduit dans les principales langues européennes et slaves, ainsi qu'en arabe et en japonais.

L'attente d'événements inconnus et mystérieux, voire menaçants, plane sur le personnage principal, Giovanni Drogo, comme sur tout ce qui l'entoure et ne trouve son aboutissement dérisoire qu'au dernier chapitre, là où la mort de Drogo transforme son espérance en éternité. Le sentiment d'angoisse qui imprègne chaque page du livre est tel qu'il touche le lecteur au plus profond de lui-même et laisse en lui des traces indélébiles.

Suivent, en 1942 : *I sette messaggeri (Les sept messagers)*, en 1945 : *La famosa invasione degli orsi in Sicilia (La fameuse invasion des ours en Sicile)*, conte pour enfants, écrit et illustré par Buzzati, qui se piquait aussi d'un talent de dessinateur et de peintre ; puis, en 1950, un recueil de « confessions » : *In quel preciso momento (En ce moment précis)*, que certains considèrent comme l'une de ses meilleures œuvres.

D'autres séries de nouvelles obtiendront le prix Napoli : *Il crollo della Baliverna (L'écroulement de la Baliverne)* et le prix Strega *Sessanta racconti (Soixante récits)*. En 1960, *Il grande ritratto (Le grand portrait)* tranche par rapport aux œuvres précédentes par son côté délibérément « science-fiction » tandis que le thème de la femme aimée, de l'amour-passion annonce déjà *Un amore (Un amour)*, qui paraîtra en 1963. En 1966, sort un ensemble de nouvelles : *Il colombre (Le « K »)*, en 1971, *Le notti difficili*, auxquelles nous avons fait allusion plus haut. Dino Buzzati meurt à Milan, le 28 janvier 1972. Quelques œuvres paraîtront encore, à titre posthume.

Avant tout journaliste et romancier, Dino Buzzati fut aussi homme de théâtre, auteur de scénarios de cinéma, de livrets d'opéra, et, vers la fin de sa vie, il consacra une grande partie de son temps à la peinture.

Les thèmes essentiels qu'il développe dans ses œuvres reviennent avec insistance : thèmes du manque de communication avec la nature, de l'angoisse, de la solitude, de l'attente, du temps qui passe et qui isole l'homme de plus en plus de la vie, malgré une succession d'espoirs et de nostalgies.

Les nouvelles rassemblées ici résument assez bien l'univers de Buzzati, marqué par une sombre fatalité, mais dans lequel subsiste la faculté de l'homme de vaincre les forces du mal par la seule puissance de la pensée, comme en témoigne la nouvelle par laquelle s'achève ce recueil.

Denuncia del reddito

La déclaration de revenus

« Guarda che è arrivata una carta dell'ufficio delle Imposte » disse[1] la moglie[2] all'avvocato Mensola.

« Sarà[3] per la denuncia del reddito, figurarsi[4], la solita[5] storia, meno male che conosco l'ispettore. »

« Mi raccomando[6] » fece[7] la moglie « tieni duro. »

« Sta'[8] tranquilla. Stavolta ho fatto certi trucchetti[9] che neanche il diavolo... »

Il giorno stesso andò all'ufficio delle Imposte. Aspettò solo mezz'ora. Quando fu fatto entrare, il Mensola restò impiombato. Al posto del solito[5] ispettore bonario e accomodante sedeva un tipo scarno con gli occhiali e dall'[10]espressione di serpente.

« Si accomodi[11], si accomodi » disse « lei[12] è dunque l'avvocato Mensola, vero ? » L'altro fece cenno di sì[13]. « Direttore della[14] Siak Import-Export ? Qui c'è la sua dichiarazione... ehm, ehm... lei[12] ha denunciato ventitré milioni, vero ? » Il Mensola assentì[15]. « Bene, mi scusi la sincerità... lei[12] mi fa semplicemente ridere. »

E difatti scoppiò in una formidabile risata.

« Ma perché, perché ? » fece il Mensola, cercando di arginare l'attacco « le assicuro, ci potrà essere[16] un errore di dieci, ventimila lire non di più... »

« Ventitré milioni ? In un periodo di crisi come questo lei mi vuole[17] dare ad intendere di avere guadagnato tanto ? Un minimo di buonsenso, direi !...

---

1. passé simple irrég. de **dire, dissi, detto**.
2. ⚠ **moglie :** *femme* (épouse) ; **donna** : *femme*, dans le sens général ; **signora** désigne une femme dont il a déjà été question et souvent d'une condition sociale assez élevée.
3. **sarà :** futur de **essere, fui, stato**, à valeur hypothétique.
4. **figurarsi :** forme plus impersonnelle que **figurati** !
5. ⚠ **solito :** *habituel* ; ne pas confondre avec **solo** : *seul*.
6. **mi raccomando :** italianisme à retenir.
7. **fece :** p. s. irrég. de **fare, feci, fatto**.
8. **sta' :** impératif de **stare, stetti, stato**.
9. dim. de **trucco** : *truc, maquillage*.
10. **da :** prép. à multiples sens : marque ici la qualité. **Una ragazza dai capelli biondi** : *une fille aux cheveux blonds*.
11. **si accomodi ! :** s'emploie à différents moments, pour mettre à l'aise un visiteur, d'où différentes traductions : *entrez ! débarrassez-vous ! asseyez-vous !*

— Regarde, il est arrivé un papier du bureau des impôts, dit la femme de Maître Mensola à son mari.

— Ce doit être pour la déclaration de revenus, tu penses bien, toujours la même histoire, heureusement que je connais l'inspecteur.

— Je t'en prie, dit sa femme, tiens bon.

— Sois tranquille. Cette fois, j'ai fait quelques tours de passe-passe que même le diable...

Le jour même, il alla au bureau des impôts. Il n'attendit qu'une demi-heure. Lorsqu'on l'eut introduit, Mensola demeura pétrifié. A la place de l'habituel inspecteur débonnaire et accommodant était assis un type hâve avec des lunettes et un air de reptile.

— Asseyez-vous, asseyez-vous, dit-il. Vous êtes donc maître Mensola, n'est-ce pas ? — L'autre fit signe que oui. — Directeur de la société Siak Import-Export ? J'ai ici votre déclaration... hum... hum... Vous avez déclaré vingt-trois millions, n'est-ce pas ? — Mensola acquiesça. — Bien, excusez ma sincérité... Vous me faites plutôt rire.

Et il éclata, en effet, d'un rire énorme.

— Mais, pourquoi, pourquoi ? dit Mensola, cherchant à enrayer l'attaque, je vous assure, il peut éventuellement y avoir une erreur de dix, vingt mille lires, tout au plus...

— Vingt-trois millions ? En une période de crise comme celle-ci, vous voulez me faire croire que vous avez gagné tellement d'argent ? Un minimum de bon sens, voyons !...

---

12. **lei :** pron. pers. fém. sujet de la personne de politesse (pron. féminin renvoyant à l'expression **Vostra Signoria**).
13. **fare cenno di sì :** ≠ **di no** ; même construction : **dire di sì** ≠ **dire di no**.
14. **la Siak :** les noms de sociétés sont précédés de l'article **la** ; autre exemple : **la Fiat (la società Fiat)**.
15. **assentire :** 1re pers. du prés. : **assento**.
16. **ci potrà essere :** voir note 3 ; avec les verbes **dovere, potere, sapere, volere**, l'italien préfère cette construction sans enclise du pronom : **mi son dovuta preparare** : *j'ai dû me préparer*.
17. prés. de **volere, volli, voluto (voglio, vuoi, vuole, vogliamo, volete, vogliono)**.

Ammettiamo pure che lei si sia dato d'attorno[1], ammettiamo anche una buona dose di fortuna... ma ventitré milioni ! L'ha voluta sparare[2] troppo grossa[2] ! »

« Commendatore[3], non dica così... Lei è ingiusto. Segua[4] il mio calcolo e si persuaderà... I cascami[5] in maggio hanno avuto una congiuntura eccezionale, i contratti fatti in precedenza mi hanno maledettamente favorito. Che lei ci creda o no, sono stati otto milioni in un colpo solo... E poi le arachidi, dove le mette ? E il salto che ha fatto il prezzo delle uova[6] ? Sa che cosa è stato il guadagno lordo[7] ? Sessantotto ! »

« Sessantotto cosa ? »

« Milioncini[8], l'uno sull'altro, caro il mio commendatore. »

« Ma mi faccia il santo piacere ![9] Ci vuol prendere proprio per ingenui ? Mi stia bene a sentire. Proprio per mostrarmi[10] comprensivo » e scarabocchiava dei numeri su un foglio. « Ecco, le posso concedere un imponibile di tre, tre, facciamo tre milioni e mezzo... »

L'avvocato si alzò in piedi, pallido.

« No, no, commendatore, lei non può fare questo ! Lei mi vuole rovinare... Non so più che cosa dirle[10]... Venga, venga, qui alla finestra, guardi un po' nella strada quella macchina. Sì, quella rossa, lunga... è una Bentley ultimo modello... Sa cosa mi è costata ? Nove e mezzo, commendatore mio carissimo... E mia moglie va in giro[11] in Cadillac... »

---

1. **darsi d'attorno** = darsi da fare.
2. **sparare :** *tirer un coup de feu* ; sens figuré : spararle delle grosse : *dire des choses exagérées ou inventées.*
3. titre honorifique : **Cavaliere, Commendatore della Repubblica** ; ces titres se donnent couramment, en Italie, dans la conversation, ainsi que les titres correspondant à la fonction ou au niveau d'études : **Buon giorno, Signor Presidente** ; **buon giorno, Dottore**... Ils supportent rarement la traduction en français.
4. **seguire :** prés. seguo.
5. **i cascami :** *les déchets*, en particulier de soie.
6. **uovo :** plur. le uova.
7. **lordo** ≠ netto : *brut ≠ net.*

Admettons même que vous vous soyez donné beaucoup de mal, admettons aussi une bonne dose de chance... mais vingt-trois millions ! Vous avez trop voulu faire de l'épate !

— Ne dites pas cela, monsieur... Vous êtes injuste. Suivez mon calcul et vous serez convaincu... Les déchets, en mai, ont eu une conjoncture exceptionnelle, les contrats signés précédemment m'ont terriblement favorisé. Que vous y croyiez ou non, ç'a été huit millions d'un seul coup... Et ensuite, les cacahuètes, qu'est-ce que vous en faites ? Et le bond qu'a fait le prix des œufs ? Vous savez quel a été mon bénéfice brut ? Soixante-huit !

— Soixante-huit quoi ?

— Soixante-huit petits millions, l'un dans l'autre, mon cher monsieur.

— Allons donc ! Vous voulez vraiment nous prendre pour des naïfs ? Écoutez-moi bien. C'est vraiment pour me montrer compréhensif...

Et il griffonnait des chiffres sur une feuille.

— Voilà, je peux vous accorder un revenu imposable de trois... trois, disons trois millions et demi...

L'avocat se leva, tout pâle.

— Non, non, monsieur, vous ne pouvez pas faire cela ! Vous voulez me ruiner... Je ne sais plus quoi vous dire... Venez, venez ici à la fenêtre, regardez un peu dans la rue cette voiture, là-bas... Oui, la rouge, longue, c'est une Bentley dernier modèle... Vous savez ce qu'elle m'a coûté ? Neuf et demi, mon cher monsieur... Et ma femme se promène en Cadillac...

---

8. **milioncino :** dim. de **milione** ; **il fiumicino** : *le petit ruisseau.*
9. **Mi faccia il santo piacere :** l'italien mêle assez souvent le vocabulaire religieux au vocabulaire courant, entre autres pour manifester l'ennui ou l'impatience : **e' in arrivo il tuo benedetto figlio ! :** *ton cher fils va arriver !* signifie, selon le contexte, qu'il s'est bien fait attendre ou bien que son arrivée n'est pas particulièrement agréable.
10. **mostrarmi :** le pr. pers. faible se soude au v. qui le précède à l'infinitif, à l'impératif, au gérondif et au p. p. absolu (enclise).
11. **il giro :** *le tour ;* **andare in giro** : *faire un tour* ; **guardare in giro** : *regarder autour de soi.*

« Che significa ? Si fa presto a farsele[1] prestare le automobili. Non verrà[2] mica[3] a insegnarmeli[4], a me, i sistemi[5] per fare iscrivere le macchine al proprio nome... »

« Ma il golf, il golf che ho inaugurato quest'agosto[6] nella mia villa di Lampione[7] !... Avrà[8] letto i giornali, spero, avrà[8] visto le fotografie... Ottantun buche ! Chi ce l'ha un golf[9] di ottantun buche ? Non vorrà[10] credere che mi sia costato meno di... »

« Basta, basta... » e l'ispettore si erse[11] in tutta la sua statura gigantesca, per far capire che il colloquio era finito. « Ho detto tre milioni e mezzo... arrivederci avvocato... E si vergogni[12] ! »

---

1. **farsele :** double enclise des pron. pers.
2. **verrà :** futur irrég. de **venire, venni, venuto (verrò, verrai, verrà, verremo, verrete, verranno).**
3. **mica :** renforce la négation : **non lo so mica :** *je ne le sais (vraiment) pas.*
4. **insegnarmeli :** voir note 1.
5. **il sistema :** masc. ; plur. **i sistemi.**
6. **quest'agosto :** m. à m. *cet été-ci,* d'où *l'été dernier.* **Questo** désigne toujours quelque chose de proche.
7. **Lampione :** îlot italien à l'ouest de l'île de Lampedusa, au large de la Tunisie.

— Qu'est-ce que ça signifie ? Ce n'est pas difficile de se faire prêter des autos. Ce n'est pas vous qui irez m'apprendre, à moi, les combines pour faire inscrire les voitures à son nom.

— Mais le golf, le golf que j'ai inauguré en août dernier dans ma villa de Lampione !... Vous avez dû lire les journaux, j'espère, vous avez dû voir les photos... Quatre-vingt-un trous ! Qui est-ce qui a un golf de quatre-vingt-un trous ? Vous ne voudrez pas croire qu'il m'a coûté moins de...

— Ça suffit, ça suffit... — Et l'inspecteur se dressa de toute sa taille qui était gigantesque pour faire comprendre que l'entretien était terminé. — J'ai dit trois millions et demi... Au revoir, Maître... Vous n'avez pas honte !

---

8. **avrà :** futur de **avere, ebbi, avuto**, à valeur hypothétique.
9. un golf comprend 9 ou 18 trous. Noter l'exagération manifeste.
10. **vorrà :** futur irrég. de **volere, volli, voluto (vorrò, vorrai, vorrà, vorremo, vorrete, vorranno)**.
11. p. s. de **ergere, ersi, erto**.
12. **si vergogni ! :** usage du subj. prés. comme impératif de politesse.

Non è mai finita

Ça n'est jamais fini

A questo mondo non è mai finita[1], disse la signora Amelia Briz. Stia un po' a sentire[2]. Io sono siciliana, nata in un povero paesello[3] sospeso tra le rupi, in cima a una montagna. Di lassù, si vede il mare e il paesaggio è un paradiso, ma per il resto si è rimasti[4] indietro di due secoli. Il nome ?... lasci perdere. I miei compaesani sono gente così ombrosa... è forse meglio sorvolare. Lo chiamerò convenzionalmente Castellizzo.

Bene. Dalla[5] stanza dove sono nata[6] si vedeva, lontana, una città, stesa[7] lungo[8] il mare[9]. Di notte era tutto uno sfavillare[10] di lumini. E i fari. E i piroscafi. E i treni coi finestrini accesi[11]. Trapani[12], lei dice ? Be', facciamo pure conto fosse[13] Trapani. Al calar della sera, appoggiata al davanzale, io rimiravo quelle luci. Laggiù era la vita, il mondo, il sogno !

Quando ebbi compiuti i dodici anni[14], tanto feci che i miei[15] si persuasero[16] a mandarmi a vivere in città, ospite di una zia. Così potevo continuar gli studi.

Credetti[17] di impazzire dalla gioia. Ma dopo un mese che ero a Trapani già ascoltavo rapita ciò che raccontavano i forestieri[18] giunti da città molto più grandi. Mi sembravano di razza diversa. Ah, povera Trapani, come eri piccola e squallida al confronto. Palermo[19] ! Messina[20] ! Quella sì era civiltà sul serio.

---

1. au fém., cette expression se rapporte à un fait général, indéterminé. Au masc. **non è mai finito** se rapporterait à un fait précis, déjà nommé.
2. attire plus l'attention que simplement senta.
3. dim. de **paese** ; **paesino** est plus courant.
4. ⚠ **si è rimasti :** accord par le sens = **siamo rimasti**.
5. **da :** cette préposition a de multiples sens ; ici, elle indique l'origine ; autre exemple : **viene da Parigi** : *il vient de Paris.*
6. p. p. irrég. de **nascere, nacqui, nato**.
7. p. p. irrég. de **stendere, stesi, steso**.
8. une seule préposition pour traduire le français *le long de.*
9. ⚠ **il mare :** masc.
10. **uno sfavillare :** infinitif substantivé fréquent en ital.
11. p. s. irrég. de **accendere, accesi, acceso**.
12. **Trapani :** ville située à l'extrême pointe ouest de la Sicile.
13. **facciamo conto fosse :** le subjonctif est normalement

En ce monde, ça n'est jamais fini, dit Mme Amelia Briz. Écoutez un peu. Je suis sicilienne, née dans un pauvre petit village, perché parmi les rochers, en haut d'une montagne. De là-haut, on voit la mer et le paysage est un paradis, mais pour le reste, on est resté en arrière de deux siècles. Son nom ?... Laissez tomber. Les gens de mon village sont si susceptibles... Glissons, cela vaut mieux peut-être. Je l'appellerai par convention Castellizzo.

Bien. De la pièce où je suis née, on voyait, dans le lointain, une ville qui s'étendait le long de la mer. La nuit, ce n'était qu'un brasillement de petites lumières. Et les phares ! Et les paquebots ! Et les trains, avec leurs portières allumées ! Trapani, dites-vous ? Bon, supposons donc que c'était Trapani. A la tombée du jour, appuyée au rebord de la fenêtre, je contemplais ces lumières. C'est là-bas qu'était la vie, le monde, le rêve !

Quand j'eus douze ans accomplis, je fis tant et si bien que mes parents se décidèrent à m'envoyer vivre en ville, chez une tante. Ainsi je pourrais continuer mes études.

Je crus devenir folle de joie. Mais au bout d'un mois que je me trouvais à Trapani, j'écoutais déjà avec ravissement ce que racontaient les étrangers venus de villes beaucoup plus grandes. Ils me semblaient d'une autre race. Ah, pauvre Trapani, comme tu étais petite et misérable en comparaison ! Palerme ! Messine ! Voilà où était la vraie civilisation.

---

introduit par **che**, mais cette conjonction est souvent omise, en particulier dans la langue parlée.
14. m. à m. *quand j'eus achevé mes douze ans*; cf. **il compleanno** : *l'anniversaire*.
15. ▲ **i miei :** désigne toujours les *parents* (père et mère).
16. p. s. irrég. de **persuadere, persuasi, persuaso**.
17. forme irrég. du p. s. de **credere**.
18. ▲ **forestiero :** *étranger à la région* ≠ **straniero** : *étranger au pays*.
19. **Palermo :** ville principale de la Sicile, où de nombreux monuments, d'influence byzantine ou arabe, témoignent du mélange des civilisations. Actuellement, siège du Parlement de la région sicilienne.
20. **Messina :** ville sicilienne, située sur le détroit du même nom.

Mi aiutò la fortuna. Fui chiesta[1] in moglie dal barone Cristolera, un perfetto gentiluomo. Aveva un palazzo magnifico a Messina. Accettai, gli volli bene[2], mi illusi[3] di non essere più la piccola provinciale di una volta.

Certo, a Messina conobbi[4] della gran bella gente, autentici signori. Ma da Roma venivano ogni tanto certi tipi affascinanti ; parlavano con l'« erre »[5], raccontavano cose nuove e strane, pettegolezzi enormi, ci guardavano un po' dall'alto in basso.

Per farla breve[6], cominciai a sognare Roma. Messina ormai mi sembrava un buco, da[7] non poterci respirare più. Dài e dài[8], mio marito si decise[9] ; tanto, non gli mancavano i quattrini. Traslocammo nella Capitale.

Dovevo[10] essere contenta, no ? Roma non è mica un paesello. Grandi nomi, società internazionali, caccia alla volpe, scandali, cardinali, ambasciatori. Eppure, cosa vuole ? quei grandi personaggi che dall'estero venivano volentieri ad[11] abitarci, ci venivano per far la bella vita, non per altro, come quando si è in vacanza, come se[12] Roma non fosse che un famoso posto di villeggiatura : ma in fondo non la prendevano sul serio. Il loro mondo vero era lontano, le vere grandi capitali della terra erano altre. Parigi, Londra, mi capisce ? E io li invidiavo.

Roma cominciò a scottarmi sotto i piedi. Sospirai l'Etoile, Piccadilly. Per caso in quel periodo Cristolera e io ci separammo. Seguí un regolare annullamento[13]. Ero ancora una bella donna. Conobbi Briz, il grande finanziere. Quando si nasce fortunate !

---

1. p. p. de **chiedere, chiesi, chiesto**. Chiedere in moglie : m. à m. *demander pour femme.*
2. **volere bene a qualcuno (volere, volli, voluto) :** *aimer quelqu'un* ; construction indirecte : voglio bene ai miei : *j'aime mes parents.*
3. p. s. irrég. de **illudere, illusi, illuso**.
4. p. s. irrég. de **conoscere, conobbi, conosciuto**.
5. **parlare con l'« erre » :** cette prononciation du r, proche du r français est interprétée, en général, comme une marque de snobisme.
6. **farla breve :** ce pronom la se retrouve dans plusieurs expressions courantes : **farcela** : *réussir* ; **cavarsela** : *s'en sortir* ; **farla finita** : *en finir.*
7. sens consécutif de **da** devant un infinitif.
8. italianisme, m. à m. *à force d'insister.*
9. p. s. irrég. de **decidere, decisi, deciso**.

La chance m'aida. Je fus demandée en mariage par le baron Cristolera, un parfait gentilhomme. Il avait un palais magnifique à Messine. J'acceptai, je l'aimai, j'eus l'illusion de ne plus être la petite provinciale d'autrefois.

Certes, à Messine, je connus des gens du grand monde, d'authentiques « gentlemen ». Mais de Rome venaient, de temps en temps, des personnages fascinants, à la voix grasseyante, ils racontaient des choses nouvelles et bizarres, des ragots énormes et nous toisaient quelque peu.

Bref, je commençai à rêver de Rome. Messine, désormais, me semblait un trou où il n'était plus possible de respirer. J'insistai tant que mon mari se décida ; d'ailleurs, il ne manquait pas d'argent. Nous nous transférâmes dans la capitale.

J'aurais dû être contente, n'est-ce pas ? Rome n'est pas du tout un petit village. De grands noms, des sociétés internationales, la chasse au renard, des scandales, des cardinaux, des ambassadeurs. Et pourtant, que voulez-vous ? Ces grands personnages, qui venaient volontiers de l'étranger pour y habiter, y venaient pour mener la belle vie, pas pour autre chose, comme lorsqu'on est en vacances, comme si Rome n'était qu'un lieu renommé de villégiature : mais, au fond, ils ne prenaient pas la ville au sérieux. Leur vrai monde était au loin, les vraies capitales de la Terre étaient ailleurs. Paris, Londres, vous me comprenez ? Et moi, je les enviais.

Rome commença à me brûler les pieds. Je soupirai après l'Étoile, Piccadilly. Le hasard voulut que, à cette époque, Cristolera et moi nous nous séparâmes. S'ensuivit une annulation en bonne et due forme. J'étais encore une belle femme. Je fis la connaissance de Briz, le grand financier. Ce que c'est que d'avoir de la chance !

---

10. selon l'usage latin touchant les verbes exprimant la possibilité ou l'obligation (**potere** : *pouvoir* ; **dovere** : *devoir*), l'indicatif remplace souvent le conditionnel.

11. **venivano ad abitarci** : les verbes de mouvement sont toujours suivis de la préposition **a**, qui devient parfois **ad** devant une voyelle.

12. **come se** est toujours suivi du subjonctif imparfait.

13. l'annulation d'un mariage catholique est une sentence rendue par le Tribunal de la Sainte-Rote, dont le siège est à Rome. Comme le nom l'indique, le mariage est alors considéré comme nul. Il est à noter que, dans un pays sous Concordat comme l'Italie, cette procédure était la seule possible pour pouvoir contracter un « nouveau » mariage, jusqu'au vote par le Parlement de la loi Fortuna, qui instaura le divorce en 1974.

Sempre più[1] cosmopolita, sempre più in alto nella scala delle residenze umane. Era una mania balorda, però soltanto oggi lo capisco. Divenuta ufficialmente Mrs. Briz, grazie ai miliardi[2] del marito, non avevo più che l'imbarazzo della scelta.

Mi stabilii a Parigi, poi Parigi mi sembrò piena di polvere. Londra, per due anni. Ma anche Londra era un poco sorpassata. Nuova York, finalmente, ecco l'ultimo traguardo[3]. La piccola provinciale siciliana aveva fatto la sua strada.

Ma non era così come[4] pensavo. Per la gente « molto su », Nuova York era una cafonata[5] insopportabile. I veri aristocratici[6] ci stavano solo lo stretto necessario. Preferivano Boston[7], Charleston[8]. Città più vecchie, quiete, riservate. E potevo io essere da meno[9] ? Tuttavia anche di là i raffinatissimi emigravano. Chi[10] nei deserti, chi[10] nelle isolette del Pacifico. Anch'io mi avviai per quei pazzi itinerari.

Ahimè, la società più filtrata ed esigente ebbe a noia[11] il Pacifico e i deserti. Prese[12] l'aereo verso est, ritornò alla vecchia stanca Europa. Non già per infognarsi[13] nella volgarità di Londra o di Parigi. Macché[14]. Andava in cerca di eremi ed esilii, di conventi, di ruderi e rovine. E io dietro.

Proprio sopra il mio paesello siciliano sorgeva[15] un castello diroccato. La moda ! L'eleganza del saper vivere moderno ! Un grande poeta[16] peruviano ha fatto restaurare la bicocca, in breve il posto è diventato celebre.

---

1. **sempre più :** *de plus en plus* ≠ sempre meno : *de moins en moins.*
2. **miliardo** ne prend qu'un seul « l ».
3. **il traguardo** vient du langage sportif et désigne la ligne d'arrivée d'une compétition.
4. **così... come :** comparatif d'égalité. È così bello come pensavo : *c'est aussi beau que je pensais.*
5. mot péjoratif pour désigner des manières d'agir grossières ; cf. il cafone : le paysan du Sud, *le cul-terreux.*
6. **aristocratico :** pluriel aristocratici ; mot accentué sur l'antépénultième.
7. **Boston :** capitale du Massachusetts (U.S.A.), fondée en 1530 par des puritains anglais. Centre culturel des États-Unis depuis le XVIIIe siècle.
8. **Charleston :** ville fondée par des huguenots français en Caroline du Sud (États-Unis).

De plus en plus cosmopolite, de plus en plus haut dans l'échelle des séjours humains. C'était une manie stupide, mais c'est seulement aujourd'hui que je le comprends. Devenue officiellement Mrs. Briz, grâce aux milliards de mon mari, je n'avais plus que l'embarras du choix.

Je me fixai à Paris, puis Paris me sembla bien poussiéreuse. Londres, pendant deux ans. Mais Londres aussi était un peu surclassée. New York, finalement, c'était là l'ultime objectif. La petite provinciale sicilienne avait fait son chemin.

Mais il n'en allait pas comme je le pensais. Pour les gens les plus huppés, New York était d'un mauvais goût insupportable. Les vrais aristocrates n'y restaient que le strict nécessaire. Ils préféraient Boston, Charleston. Des villes plus anciennes, plus calmes, plus réservées. Et moi, pouvais-je rester à la traîne ? Pourtant, même de là les plus raffinés émigraient, qui dans les déserts, qui dans les petites îles du Pacifique. Je m'engageai, moi aussi, dans ces itinéraires insensés.

Hélas ! La société la plus sélect et la plus exigeante se lassa du Pacifique et des déserts. Elle prit l'avion vers l'est, retourna vers la vieille Europe fatiguée. Non pas, certes, pour se vautrer dans la vulgarité de Londres ou de Paris. Allons donc ! Elle allait à la recherche d'ermitages et de retraites, de couvents, de décombres et de ruines. Et moi, je suivis.

Juste au-dessus de mon petit village sicilien se dressait un château tout démantelé. La mode ! L'élégance du savoir-vivre moderne ! Un grand poète péruvien a fait restaurer la bicoque ; rapidement l'endroit est devenu célèbre.

---

9. **essere da meno :** m. à m. *être inférieur* ; s'emploie plutôt dans des phrases négatives : **Amelia non poteva essere da meno degli altri** : *A. ne pouvait pas être inférieure aux autres.*
10. **chi... chi :** *qui... qui* ou *les uns... les autres.*
11. cf. **la noia** : *l'ennui*, dû à la monotonie et au manque de distraction ; **annoiarsi** : *s'ennuyer.*
12. p. s. irrég. de **prendere, presi, preso**.
13. cf. **le fogne** : *les égouts.*
14. **macché !** exprime toujours une forte opposition. La traduction varie selon les cas.
15. p. s. irrég. de **sorgere, sorsi, sorto**.
16. **il poeta :** pluriel i poeti.

Oggi al mondo non c'è niente di più *chic*[1] che possedere una casetta[2] a Castellizzo.

E così, gira e gira[3], ho finito per ritornare al mio paesello, proprio là donde[4] sono partita. E la sera, dalla mia stanza di bambina, guardo i lumi della città[5] sul mare. E certe volte ho l'impressione di essere ancora quella di una volta, e che gli anni non siano[6] mai passati. E penso : laggiù è la vera vita, laggiù il mondo, l'avventura, il sogno[7] ! E fantastico[8] un giorno o l'altro di partire.

Lo vede dunque che non è mai finita ?

---

1. emploi snob du mot français ; en italien : **elegante**.
2. diminutif gracieux (**vezzeggiativo**) de **casa**.
3. **gira e gira** = **a forza di girare**. Cf. **dai e dai**, note 8 p. 20.
4. **là donde :** forme littéraire ; on dirait plus couramment **da dove**, car il y a une idée de mouvement. **Da dove vieni ?** : *d'où viens-tu ?* mais **Di dove sei ?** : *d'où es-tu ?*
5. ▲ **la città, le città :** tous les mots accentués sur la dernière syllabe sont invariables. Cf. **la virtù, le virtù**.
6. concordance des temps : après un verbe marquant une impression, le subjonctif est obligatoire. **Mi pare che sia**

Aujourd'hui, il n'y a rien de plus chic au monde que de posséder une petite maison à Castellizzo.

Et c'est ainsi que, à force de courir le monde, j'ai fini par revenir dans mon petit village, précisément là d'où je suis partie. Et le soir, de ma chambre d'enfant, je regarde les lumières de la ville sur la mer. Et parfois, j'ai l'impression d'être encore la même qu'autrefois et que les années n'ont jamais passé. Et je songe : c'est là-bas qu'est la vraie vie, le monde, l'aventure, le rêve ! Et je me prends à imaginer qu'un jour ou l'autre, je partirai !

Alors, vous voyez bien que ça n'est jamais fini !

---

giusto : *il me semble que c'est juste.* Si le verbe de la principale était à un temps du passé, il faudrait le subjonctif imparfait : **mi pareva che fosse giusto** : *il me semblait que c'était juste.*

7. cf. **sognare** : *rêver.*

8. **fantasticare** : syn. **immaginare** ; cf. **la fantasia** : *l'imagination*, syn. : **l'immaginazione.**

Delicatezza

Délicatesse

In un certo paese la pena di morte viene[1] somministrata con grande delicatezza. Ecco un esempio :

Una volta divenuta esecutiva la sentenza, prima che[2] gli sia comunicata la data della esecuzione, il reo — supponiamo si chiami[3] Ernesto Troll, tappezziere, uxoricida con veleno — viene condotto[1], senza manette, alla direzione delle carceri[4].

Qui lo si fa accomodare[5] nello studio del direttore, in una comoda[5] poltrona. Gli offrono sigarette, caffè, caramelle, quindi gli inservienti escono[6], lasciando soli il direttore e il condannato.

Il direttore comincia a parlare :

« Dunque, signor Troll, lei è stato condannato a morte. È però mio dovere[7] rassicurarla[8]. Avvertirla[8] cioè come, in un certo senso, si tratti di una condanna più che altro teorica[9]. »

« Teorica ? »

« Teorica, sì. Perché la morte in realtà non esiste. »

« Come sarebbe a dire[10] non esiste ? »

« Non esiste, voglio dire, come pena, come castigo[11], come fatto tragico[12], motivo di paura e di angoscia. Sul tema[13], regnano nel mondo pregiudizi[14] insensati. Lasciamo pure da parte la sofferenza fisica[15] che, per lo meno nel suo caso, signor Troll, è fuori discussione, data[16] la perfezione dei nostri impianti » e abbozza un sorrisetto[17] diplomatico[18].

---

1. on rencontre l'auxiliaire **venire** au lieu de **essere** au passif, dans le cas d'une action subie : **viene servito** : *il est servi*, **dal cameriere** : (il est servi) *par le garçon* ; **è servito** : *il est servi.*
2. **prima che** est toujours suivi du subjonctif.
3. après les verbes marquant une hypothèse, le subj. est obligatoire : **supponiamo (che) si chiami.**
4. **il carcere :** plur. le carceri.
5. ▲ cf. le comodità : *le confort.*
6. prés. ind. irrég. de **uscire (esco, esci, esce, usciamo, uscite, escono)**.
7. ▲ **è mio dovere :** italianisme à retenir. L'expression n'est pas précédée de l'article, parce qu'elle est attribut du verbe suivant.
8. enclise du pron. pers. compl. d'objet direct fém. de la personne de politesse, renvoyant à l'expression **Vostra Signoria.**

Dans un certain pays, on administre la peine de mort avec une grande délicatesse. En voici un exemple.

Une fois que la sentence est devenue exécutoire, avant que la date de l'exécution ne lui soit communiquée, le coupable — supposons qu'il s'appelle Ernesto Troll, tapissier, ayant assassiné sa femme à l'aide d'un poison — est conduit, sans menottes, à la direction des prisons.

Là, on le fait asseoir dans le bureau du directeur, dans un fauteuil confortable. On lui offre des cigarettes, du café, des bonbons, puis les employés sortent, laissant seuls le directeur et le condamné.

Le directeur commence à parler :

— Donc, monsieur Troll, vous avez été condamné à mort. Mais il est de mon devoir de vous rassurer. C'est-à-dire de vous avertir du fait que, en un certain sens, il s'agit d'une condamnation surtout théorique.

— Théorique ?

— Oui, théorique. Puisque la mort, en réalité, n'existe pas.

— Qu'est-ce à dire : « n'existe pas » ?

— Elle n'existe pas, j'entends par là, comme peine, comme châtiment, comme fait tragique, motif de peur ou d'angoisse. A ce sujet, il règne, dans le monde, des préjugés insensés. Laissons même de côté la souffrance physique qui, pour le moins dans votre cas, monsieur Troll, ne pose pas de problème, étant donné la perfection de nos installations — et il ébauche un petit sourire diplomatique.

---

9. **teorica :** plur. **teoriche**. Les noms et adjectifs terminés par **-ca** et **-ga** font **-che** et **-ghe** au pluriel.
10. ⚠ **come sarebbe a dire ? :** italianisme à retenir ; syn. **che significa ?**
11. **il castigo :** plur. **i castighi** (accent sur l'avant-dernière syllabe).
12. **tragico :** plur. **tragici** (accent sur l'antépénultième).
13. **il tema :** plur. **i temi**.
14. **pregiudizio :** plur. **pregiudizi**.
15. **fisica :** plur. **fisiche** (cf. note 9).
16. **data :** accord du participe passé avec le sujet **la perfezione**.
17. **sorrisetto :** diminutif gracieux (**vezzeggiativo**) de **sorriso**.
18. **diplomatico :** plur. **diplomatici** (cf. note 12).

« Io parlo del dolore[1] morale, ingiustamente temuto, come spero di poterle[2] dimostrare.

« Vediamo un po' : perché l'uomo ha paura di morire ? La risposta è fin[3] troppo semplice. L'uomo ha paura perché, dopo morto[4], non potrà più vivere, cioè fare, vedere, ascoltare, eccetera[5], tutte le cose che faceva in vita. E ciò gli dispiacerebbe[6] immensamente. Ma per poter provar dolore è necessario, *conditio sine qua non*, essere vivi. Quindi chi[7] è morto non soffre più, non può avere neppure[8] rimpianti, nostalgie e afflizioni del genere[9]. In parole povere, una volta avvenuto il decesso, l'uomo non può dolersi[10] di essere morto. Morale : l'aspetto negativo della morte, che generalmente incute tanto terrore, è una stolta illusione. »

Ribatte il signor Troll[11] : « Lei ha un bel dire[12], signor direttore. Ma il brutto della morte non è soltanto il non poter più fare le cose che si facevano da vivi[13]. C'è anche il dispiacere di lasciare per sempre tante[14] persone care. »

« Bravo ! Anche questo dispiacere, ragazzo mio, lei non potrà più provarlo, appunto perché sarà morto. »

« E poi, signor direttore, chi le dice che dopo la morte non ci sia più niente ? »

« L'aspettavo al varco, signor Troll. Una obiezione più che giustificata. Appunto qui veniamo al nocciolo[15] del problema. »

« La ascolto, signor direttore. »

---

1. **il dolore :** tous les mots terminés par -ore (sauf **la folgore**) sont masculins.
2. **poterle :** enclise du pron. pers. compl. d'objet indirect de la personne de politesse.
3. **fin :** forme de l'adv. **fino** (ou **sino**) : *même* ; accentue fortement l'adv. qui suit.
4. tour elliptique = **dopo che sarà morto.**
5. orthographe phonétique courante de *et coetera.*
6. **gli dispiace** ≠ **gli piace.**
7. syn. : **quello che** ou **colui che.** Ne pas oublier que *qui ?* interrogatif français se traduit par **chi** ? et que le pronom relatif *qui* se traduit par **che.**
8. **neppure :** (syn. **neanche**) employé ici en corrélation avec la négation **non** peut également s'employer seul dans une réponse négative : **Non sono mai andato in Giappone. — Io neppure (Neanch'io)** : *Je ne suis jamais allé au Japon. — Moi non plus.*

Je parle de la douleur morale, que l'on craint à tort, comme j'espère pouvoir vous le démontrer.

« Voyons un peu : pourquoi l'homme a-t-il peur de mourir ? La réponse est presque même trop simple. L'homme a peur parce que, une fois mort, il ne pourra plus vivre, c'est-à-dire agir, voir, écouter, etc., toutes choses qu'il faisait pendant qu'il était en vie. Ce qui lui causerait un immense déplaisir. Mais pour éprouver de la douleur, il est nécessaire, c'est une condition *sine qua non*, d'être en vie. Par conséquent, celui qui est mort ne souffre plus, il ne peut même plus avoir de regrets, de nostalgies, ni d'afflictions d'aucune sorte. Bref, une fois survenu le décès, l'homme ne peut pas regretter d'être mort. Morale : l'aspect négatif de la mort, qui inspire généralement tant de terreur, est une illusion stupide. »

M. Troll réplique :

— Vous avez beau dire, Monsieur le Directeur, mais le mauvais côté de la mort, ce n'est pas seulement de ne plus pouvoir faire les choses que l'on faisait quand on était vivant. Il y a aussi le chagrin de quitter pour toujours beaucoup d'êtres chers.

— Bravo ! Mais ce chagrin, mon garçon, vous ne pourrez plus l'éprouver justement parce que vous serez mort.

— Et puis, Monsieur le Directeur, qui vous dit qu'après la mort, il n'y a plus rien ?

— Je vous attendais au tournant, monsieur Troll. Une objection plus que justifiée. C'est là précisément que nous arrivons au cœur du problème.

— Je vous écoute, Monsieur le Directeur.

---

9. **del genere** = **di nessun genere** ; expression syn. : **di sorta**.
10. forme réfléchie de l'infinitif : **dolere, dolsi, doluto** ; ind. prés. : **dolgo, duoli, duole, doliamo, dolete, dolgono. Mi duole la testa** : *j'ai mal à la tête.*
11. comparez le texte avec la traduction et remarquez que le verbe précède assez souvent le sujet en italien.
12. cf. **ha un bel parlare** : *vous avez beau parler*; **ha un bel ripetere** : *vous avez beau répéter.*
13. **da** indique ici la situation ; cf. **da bambini** : *quand on était enfant.*
14. ici **tanto** est adj. et s'accorde donc en genre et en nombre.
15. m. à m. *le noyau ;* **il nocciolo della pesca** : *le noyau de la pêche.*

« Bene. È evidente che i casi sono due[1] : o dopo la morte c'è una seconda vita purchessia, oppure dopo la morte non c'è niente[2]. Chiaro, direi, elementare. Ora facciamo l'ipotesi[3] che lei... »

« Ma, veramente io... »

« Solo una ipotesi, ripeto, la quale non pregiudica[4] quelle[5] che possono essere le sue convinzioni personali. Supponiamo cioè che lei, signor Troll, non creda[6] nell'aldilà. In questo caso, se lei trova una seconda vita, avrà una bellissima sorpresa, a tutto suo vantaggio ; e non avrà motivo di lamentarsi[7]. Ovvio che il rimpianto delle persone care dovute abbandonare sarà di gran lunga attenuato dalla[8] certezza che anch'esse, un giorno o l'altro, potranno raggiungerla. In più c'è il conforto di ritrovare, di là, congiunti[9] ed amici già scomparsi[10] in precedenza. »

« Beh, adagio coi congiunti... »

« Ah, mi scusi... » fa il direttore che si è dimenticato di avere a che fare con un uxoricida. « Comunque, fin qui mi sembra che non ci possano[11] essere obiezioni. Adesso consideriamo l'altra eventualità. Che cioè dall'altra parte non ci sia nulla[12]. Ma proprio perché non c'è nulla, e il nulla implica che anche lei non esista più, lei non ha la possibilità di rendersene[13] conto, come abbiamo già visto[14]. Insomma, nessun dispiacere. Ecco perché la consueta disperazione di quelli che non hanno fede è priva[15] di qualsiasi serio costrutto. »

« Io però, signor direttore, non è che sia[16] così scettico. Io ho anzi la sensazione che... »

---

1. ▲ italianisme à retenir. A ce propos notez la place des nombres, en italien, dans certaines expressions : **i primi due** : *les deux premiers* ; **gli ultimi due** : *les deux derniers* ; **gli altri due** : *les deux autres.*
2. cf. : **non è successo niente** = **niente è successo.** Lorsque **niente** est placé après le verbe, la première négation (**non**) n'annule pas la seconde.
3. ▲ **l'ipotesi** (fém.) ; tous les mots terminés par i sont invariables : cf. **la crisi** : *la crise.*
4. **pregiudicare :** cf. **il pregiudizio** : *le préjugé.*
5. **quello** est, la plupart du temps, l'antécédent du relatif ; de plus, ici, il y a accord avec le nom auquel il se rapporte : **le convinzioni.**
6. subjonctif après un verbe marquant l'hypothèse.
7. cf. **il lamento** : *la plainte* ; **la lamentela** : *la lamentation.*

— Bien. Il est évident que deux cas se présentent : ou, après la mort, il y a une seconde vie, quelle qu'elle soit, ou bien, après la mort, il n'y a rien. C'est clair, élémentaire, dirais-je. Maintenant, envisageons l'hypothèse que vous...

— Mais vraiment, je...

— Ce n'est qu'une hypothèse, je le répète, qui ne préjuge pas de ce que peuvent être vos convictions personnelles. Bien mieux : supposons que vous, monsieur Troll, vous ne croyiez pas en l'au-delà. Dans ce cas, si vous trouvez une seconde vie, vous aurez une merveilleuse surprise, tout à votre avantage ; et vous n'aurez pas lieu de vous en plaindre. Il est évident que le regret des personnes chères que vous aurez dû abandonner sera grandement atténué par la certitude que, elles aussi, un jour ou l'autre, pourront vous rejoindre. En plus, il y a le réconfort de retrouver, de l'autre côté, des parents et des amis déjà disparus auparavant.

— Euh, doucement avec les parents...

— Ah ! excusez-moi... fait le directeur qui a oublié qu'il a affaire à un meurtrier de sa femme. Quoi qu'il en soit, jusqu'ici, il me semble qu'il ne peut pas y avoir d'objections. Maintenant, considérons l'autre éventualité, à savoir que, de l'autre côté, il n'y ait rien. Mais précisément parce qu'il n'y a rien et que ce rien implique que vous non plus vous n'existez plus, vous n'avez pas la possibilité de vous en rendre compte, comme nous l'avons déjà vu. En somme, aucun regret. Voilà pourquoi le désespoir habituel de ceux qui n'ont pas la foi est dénué de tout fondement sérieux.

— Mais moi, Monsieur le Directeur, ce n'est pas que je sois tellement sceptique. J'ai même l'impression que...

---

8. **da** introduit, ici, un complément d'agent.
9. ▲ **i congiunti** = **i parenti** : *les parents* (les personnes de la même famille). A ne pas confondre avec **i coniugi** = **gli sposi** : *les époux*. Rappelons que *les parents* (père et mère) se dit : **i genitori**.
10. p. plur. de **scomparire, scomparvi, scomparso**.
11. cf. note 6 ; rappelons aussi que esserci signifie *y avoir*.
12. cf. notes 2 et 6.
13. **rendersene :** double enclise à l'infinitif.
14. p. p. de **vedere, vidi, visto**.
15. **privo di :** expression très souvent employée pour marquer l'absence d'une chose, d'une qualité... ou d'un défaut. **È un testo privo di senso** : *c'est un texte dénué de sens*.
16. **non è che** est toujours suivi du subj.

« Benissimo. Consideriamo ora l'uomo[1] che crede nell'aldilà. Intanto è logico che, proprio a motivo di tale persuasione, egli affronti[2] la morte con una serenità notevole. Orsù, seguiamolo[3] nell'atto di varcare il famoso confine. Egli avanza, è passato, si guarda intorno[4], si accorge di esistere ancora, in forma completamente diversa magari, ma di esistere. La sua fiducia è stata ricompensata, si sente consolato, e, spoglio[5] di ogni peso materiale, può anche darsi[6] trovi la felicità inutilmente cercata sulla terra.

« Ed eccoci[7] per la seconda volta di fronte alla ipotesi negativa. L'uomo che crede nell'aldilà muore[8] e di là non c'è niente. Ma ciononostante il conto torna ; egli non viene, per così dire, frodato[9] di nulla, non c'è stato tempo e modo per la delusione. Ragione per cui, sono con lei, caro signor Troll : la fede, comunque, sarà sempre un ottimo[10] affare. »

« Una scommessa a colpo sicuro, no ? »

« Vedo che abbiamo letto Pascal[11]. Me ne compiaccio. Ma per chiarirle ancor meglio le idee perché non facciamo una prova[12] ? »

« Una prova come ? »

« Una specie di rappresentazione simbolica, una finzione quasi teatrale, una esemplificazione plastica, una specie di gioco. »

« E io, che cosa dovrei fare ? »

Il direttore preme il pulsante del citofono. Dall'apparecchio una voce gracchia : « Comandi, signor direttore. »

---

1. **l'uomo :** plur. irrég. **gli uomini**.
2. prés. du subj. obligatoire après la locution **è logico**.
3. enclise du pronom avec l'impératif.
4. italianisme fréquent : la préposition a comme complément un pron. pers. qui est, dans ce cas, rejeté avant le verbe, et la préposition prend la forme d'un adverbe. Autres exemples : **mi viene incontro** : *il vient à ma rencontre* ; **mi siede accanto** : *il s'assied à côté de moi.*
5. l'adj. **spoglio** indique un état ; à comparer avec le p. p. **spogliato** qui implique une action : **i suoi nemici lo hanno spogliato, è spoglio di tutto** : *ses ennemis l'ont dépouillé, il est dénué de tout.* Cf. **l'asino è stato caricato di sale, ora è abbastanza carico** : *l'âne a été chargé de sel, maintenant il est assez chargé.* Comme on voit, le français ne rend pas toujours cette distinction.

— Parfait. Considérons maintenant l'homme qui croit dans l'au-delà. D'abord, il est logique que, précisément en raison de cette conviction, il affronte la mort avec une sérénité remarquable. Or donc, suivons-le au moment où il franchit la fameuse frontière. Il avance, il est passé, il regarde autour de lui, il s'aperçoit qu'il existe encore, sous une forme complètement différente peut-être, mais qu'il existe. Sa confiance a été récompensée, il se sent réconforté, et, délivré de tout poids matériel, peut-être trouvera-t-il le bonheur inutilement recherché sur la terre.

« Et nous voici, pour la seconde fois, en face de l'hypothèse négative. L'homme qui croit dans l'au-delà meurt et, de l'autre côté, il n'y a rien. Mais, malgré tout, le compte est bon ; il n'est, en quelque sorte, volé de rien, il n'a eu ni le temps, ni le moyen d'être déçu. Raison pour laquelle, mon cher Troll, je suis de votre avis : la foi, de toute façon, sera toujours une excellente affaire. »

— Un pari à coup sûr, non ?

— Je vois que nous avons lu Pascal. Je m'en réjouis. Mais pour vous clarifier encore mieux les idées, pourquoi ne faisons-nous pas un essai ?

— Un essai comment ?

— Une espèce de représentation symbolique, une fiction quasi théâtrale, une illustration vivante, une espèce de jeu.

— Et moi, que devrais-je faire ?

Le directeur appuie sur le bouton de l'interphone. Une voix grésille dans l'appareil : « A vos ordres, Monsieur le Directeur. »

---

6. **può darsi (che)** est toujours suivi du subj.
7. enclise du pronom avec **ecco : eccomi, eccoti**... *me voici, te voilà*...
8. **morire, morii, morto** (prés. ind.) : **muoio, mori, muore, muoiamo, morite, muoiono**).
9. **frodare :** *voler, tromper, frauder* ; **la frode** : *la fraude* ; **il frodo** (seulement sing.) : *la fraude, la contrebande.*
10. superlatif absolu de **buono** ; on dit aussi couramment **un affare molto buono.**
11. allusion au fameux pari de Pascal (1623-1662), dans *Les Pensées.*
12. **la prova di chimica :** *l'examen de chimie*, **la prova del nove** : *la preuve par neuf* ; **la prova sportiva** : *la compétition sportive*, **l'ultima prova prima della rappresentazione** : *le dernier essai avant la représentation.*

« Mandatemi subito[1] la[2] Fiorella. »

Il condannato è inquieto : « Signor direttore, mi sembra di aver diritto di sapere[3] : in che cosa consiste questa rappresentazione ? Spero che non si tratti[4] di uno scherzo. »

« Macché[5] scherzo. Lo scopo è di tranquillizzarla. Finora abbiamo fatto soltanto delle parole[6]. E le parole contano quello che contano, io il primo a riconoscerlo. Questo, che adesso faremo, è un esperimento pratico[7]. Pensi ai voli spaziali. Prima del lancio, i cosmonauti vengono[8] chiusi nella capsula perché[9] si rendano conto, si abituino, prendano confidenza con l'ambiente. Ma la capsula non parte, non c'è pericolo di sorta. Così lei. Questa prova, le[10] ripeto, le schiarirà le idee sulla sua vera situazione. Dopo, le assicuro, si sentirà molto meglio. Lei non ha che da[11]... Ah, ecco qui la nostra brava[12] Fiorella ! »

È entrata una ragazza sui vent'anni, splendida e procace, con gonne cortissime e generosa scollatura. Una immagine addirittura incredibile nel carcere della morte.

« Ritengo[13] superflue le presentazioni » osserva il direttore rivolto[14] al condannato. « La nostra Fiorella è esperta di queste piccole finzioni sceniche. La nostra Fiorella, nel nostro caso, simboleggia[15], anzi si può dire incarna la seconda vita. E appunto perciò adesso si ritira... A ben vederci, Fiorella... »

La ragazza esce[16] non senza aver rivolto al condannato uno sfrontato sorriso, e perfino strizzato l'occhio.

---

1. ▲ **subito :** *tout de suite*, mais **subito** : p. p. du v. **subire** : *subir*. (Noter la différence d'accentuation.)
2. **la Fiorella :** cet emploi de l'article devant un prénom est un usage familier, surtout dans le Nord de l'Italie.
3. infinitif de **sapere, seppi, saputo**.
4. subj. après un verbe exprimant un souhait.
5. employée seule, ou devant un subst. ou un adj., cette interjection marque toujours une forte négation ou une opposition. **È intelligente. — Macché intelligente ! Ha molta memoria e basta** : *Il est intelligent. — Intelligent ? Mais non ! Il a beaucoup de mémoire, c'est tout !*
6. premier sens : *mot.*
7. **pratico :** plur. **pratici** ; mot accentué sur l'antépénultième.
8. l'auxiliaire **venire** est souvent employé à la place de **essere** lorsque l'action est subie.

— Envoyez-moi tout de suite Fiorella.

Le condamné à mort est inquiet :

— Monsieur le Directeur, il me semble que j'ai le droit de savoir : en quoi consiste cette représentation ? J'espère qu'il ne s'agit pas d'une plaisanterie.

— D'une plaisanterie ? Allons donc ! Le but est de vous tranquilliser. Jusqu'ici, nous n'avons échangé que des paroles. Et les paroles valent ce qu'elles valent, je suis tout le premier à le reconnaître. Ce que nous allons faire maintenant est un exemple pratique. Pensez aux vols spatiaux ! Avant le lancement, les cosmonautes sont enfermés dans la capsule pour qu'ils se rendent compte, s'habituent et se familiarisent avec le milieu. Mais la capsule ne part pas, il n'y a aucun danger. C'est la même chose pour vous. Cet essai, je vous le répète, vous éclaircira les idées sur votre véritable situation. Après, je vous assure, vous vous sentirez beaucoup mieux. Vous n'avez qu'à... Ah, voici notre brave Fiorella !

Une jeune fille d'environ vingt ans est entrée, superbe et provocante, avec une jupe très courte, et un décolleté généreux. Une image vraiment incroyable dans la prison de la mort.

— J'estime les présentations superflues, observe le directeur à l'adresse du condamné. Notre Fiorella est très au courant de toutes ces petites fictions scéniques. Notre Fiorella, dans notre cas, symbolise, ou plutôt on peut dire incarne la seconde vie. Et c'est précisément pourquoi elle va se retirer... Au revoir, Fiorella.

La jeune fille sort, non sans avoir adressé au condamné un sourire effronté et lui avoir même lancé une œillade.

---

9. **perché :** dans le sens de *pour que* est toujours suivi du subj.
10. pron. pers. fém. compl. d'objet indirect de la personne de politesse (cf. l'expression **Vostra Signoria**).
11. **avere da = dovere ; ho da firmare = devo firmare** : *je dois signer.*
12. ⚠ **bravo** est adjectif. Lorsque les Italiens applaudissent au théâtre, ils crient **brava** à une actrice et **bravi** à tous les acteurs.
13. v. irrég. **ritenere, ritenni, ritenuto :** emploi très fréquent dans le sens de *estimer, croire.* **Ritengo che sia una personalità di primo ordine** : *j'estime que c'est une personnalité de premier ordre.*
14. p. p. de **rivolgere, rivolsi, rivolto**.
15. **simboleggiare :** *symboliser* ; **il simbolo** : *le symbole.*
16. prés. irrég. de **uscire : esco, esci, esce, usciamo, uscite, escono.**

Direttore e reo sono di nuovo soli.

« E questa Fiorella ? » chiede[1] il signor Troll facendo un gesto oltremodo[2] espressivo.

Il direttore ride[3] : « Ma sì, ma sì, naturalmente, se è il caso... Lei adesso capirà come la cosa è semplice. Vede quella porta ? Lei non ha che[4] da aprirla e passare di là[5], nell'altra stanza. Ora può darsi che[6] di là ci sia buio ; e il buio significherebbe il nulla. Ma può anche darsi che di là ci sia Fiorella che l'aspetta... Non è una allegoria ben trovata ? »

« Ma dico, se trovo il buio, io... ? »

« Lei niente, caro signor Troll. In questo caso, visto che non c'è niente, lei buono buono[7] ritorna qui nel mio ufficio... Tutto qui. Elementare, no ? Ora penso che di là tutto sia[8] già pronto. »

« E chi decide ? Voglio[9] dire chi stabilisce[10] se far buio o farmi trovare la ragazza ? Lo decide[11] lei, signor direttore ? »

« Assolutamente no. È la ragazza che decide. E la Fiorella è la creatura più imprevedibile di questo mondo. Insomma, coraggio. Vogliamo provare ? »

A passi non molto sicuri il condannato si alza, si avvicina[12] alla porta, con precauzione impugna la maniglia, la gira lentamente, spinge[13] con estrema cautela il battente, intravede[14] una lama di luce, uno spiraglio, un risplendere[15] roseo di carni.

In questo preciso istante, da una minuscola feritoia ben mascherata aperta[16] in una parete dello studio, un tiratore scelto[17] fulmina[18] il signor Troll con un colpo alla nuca.

---

1. prés. de **chiedere, chiesi, chiesto :** *demander.*
2. **oltremodo :** adv. litt. = moltissimo.
3. **ride :** prés. de ridere, risi, riso.
4. cf. note 14, page précédente.
5. **di là** désigne, la plupart du temps, une pièce voisine et souvent la pièce à côté. **Vado di là** : *Je vais à côté.*
6. **può darsi che** est toujours suivi du subj.
7. **buono :** m. à m. : *bon, gentil* ; le redoublement d'un même adj. lui donne valeur de superlatif. Cf. **piano piano** : *tout doucement.*
8. subj. après un verbe d'opinion (**penso**).
9. prés. irrég. de **volere, volli, voluto** (voglio, vuoi, vuole, vogliamo, volete, vogliono).

Directeur et coupable sont de nouveau seuls.

— Et cette Fiorella ? demande M. Troll, en faisant un geste des plus expressifs.

Le directeur rit :

— Mais oui, mais oui, naturellement, si cela se présente... Vous allez comprendre maintenant comme la chose est simple. Vous voyez cette porte ? Vous n'avez qu'à l'ouvrir et à passer de l'autre côté, dans l'autre pièce. Or, peut-être que, de l'autre côté, il y a l'obscurité et l'obscurité signifierait le néant. Mais peut-être aussi que, de l'autre côté, il y a Fiorella qui vous attend... N'est-ce pas une allégorie bien trouvée ?

— Bon, mais si je trouve l'obscurité, je... ?

— Vous, rien du tout, cher monsieur Troll. Dans ce cas, étant donné qu'il n'y a rien, vous revenez tout bonnement ici, dans mon bureau. C'est tout. Élémentaire, non ? Maintenant, je pense que, de l'autre côté, tout est déjà prêt.

— Et qui est-ce qui décide ? Je veux dire qui prend la décision de faire le noir ou de me faire rencontrer la demoiselle ? C'est vous qui le décidez, Monsieur le Directeur ?

— Absolument pas. C'est la fille qui décide. Et Fiorella est la personne la plus imprévisible du monde. En somme, du courage. Alors, est-ce que nous faisons cet essai ?

D'un pas peu assuré, le condamné se lève, s'approche de la porte, saisit la poignée avec précaution, la tourne lentement, pousse le battant avec une extrême prudence, entrevoit un rai de lumière, un soupirail, un éblouissement de chairs roses.

A cet instant précis, d'une meurtrière minuscule, bien dissimulée, ouverte dans un mur du bureau, un tireur d'élite foudroie le sieur Troll d'un coup à la nuque.

---

10. **stabilire :** prés. stabilisco.
11. **decidere, decisi, deciso.**
12. on retrouve dans ce verbe l'adj. **vicino** : *voisin*, *proche*. Le a initial fait redoubler la consonne suivante.
13. **spingere, spinsi, spinto.**
14. **intravedere, intravidi, intravisto.**
15. inf. substantivé.
16. p. p. irrég. de **aprire, aprii** (ou **apersi**), **aperto**.
17. p. p. de **scegliere, scelsi, scelto**.
18. v. **fulminare :** è stato fulminato dal fulmine : *il a été foudroyé par la foudre* ; la lampadina è fulminata : *la lampe est grillée* ; è stato un attacco fulminante : *ç'a été une attaque foudroyante*.

Cenerentola

Cendrillon

Licia e Micia, gemelle[1], sette anni, fecero uno scherzo alla sorellastra[2] Cenerentola, che aveva due anni di più.

« Perché non vieni[3] anche tu alla festa, Rentolina[4] ? » diceva Licia.

« Ma sì, perché non vieni anche tu ? » diceva Micia.

Licia e Micia erano due creature deliziose, cariche[5] di vitamine e di superiorità. Cenerentola era meschina, più piccola di[6] loro, una gambetta[7] intristita da polio, e perciò zoppicava.

Cenerentola rispose : « Che ridicolo[8]. Io non posso. Io lo so : è una gara di bellezza. Voi due sì, ci credo. Voi due siete belle. Io sono una minorata. »

Disse[9] « minorata » in modo curioso, pieno di misteriosa gravità. Si trattava, infatti, in occasione della Mezza Quaresima, di un concorso di bellezza infantile a favore dei terrazzani dell'Afganistan affetti dalla febbre ricorrente.

Disse[9] Licia : « Non dire[10] sciocchezze, Rentolina. Che importa se zoppichi[11] un poco ? »

Disse[9] Micia : « Che cosa importa, Rentolina, basta che tu cammini[12] adagio, nessuno si accorge di niente. L'importante è la faccia, no ? »

Le due piccole gemelle erano molto sviluppate mentalmente, tenuto conto dell'età, compreso il peccato originale.

---

1. **il gemello :** *le jumeau* ; i gemelli : *les jumeaux*, mais aussi *les boutons de manchettes* ; avec une majuscule, la constellation des *Gémeaux*.
2. **il fratellastro :** *le demi-frère* ; la sorellastra : *la demi-sœur* ; il patrigno : *le beau-père* (le deuxième mari de la mère) ; la matrigna : *la belle-mère* (la deuxième femme du père).
3. prés. irrég. de **venire, venni, venuto** (vengo, vieni, viene, veniamo, venite, vengono).
4. dim. de Cenerentola. Il est courant, en italien, d'appeler les personnes par le diminutif de leur prénom, qui n'est pas toujours évident : Ciccio ou Checco pour Francesco ; Ale ou Sandro pour Alessandro ; Tilde pour Clotilde.
5. **carica :** plur. cariche. Tous les mots terminés par -ca ou -ga font leur plur. en -che et -ghe.
6. **più ... di :** *plus ... que* lorsque on compare deux termes (ici Cenerentola et loro) par rapport à une qualité, ou un défaut

Licia et Micia, jumelles de sept ans, jouèrent un tour à leur demi-sœur Cendrillon, qui avait deux ans de plus qu'elles.

— Pourquoi ne viens-tu pas à la fête, toi aussi, Rentolina ? disait Licia.

— Mais oui, pourquoi ne viens-tu pas, toi aussi ? disait Micia.

Licia et Micia étaient deux enfants délicieuses, débordantes de vitamines et de supériorité. Cendrillon était chétive, plus petite qu'elles et elle avait une jambe atrophiée par la polio, ce qui la faisait boiter.

Cendrillon répondit :

— C'est ridicule. Je ne peux pas. Je le sais : c'est un concours de beauté. Vous deux, bien sûr, vous pouvez. Vous deux, vous êtes belles. Moi, je suis handicapée.

Elle dit « handicapée » d'une façon curieuse, pleine de mystérieuse gravité. Il s'agissait, en effet, à l'occasion de la Mi-Carême, d'un concours de beauté pour enfants en faveur des paysans d'Afghanistan atteints de fièvre récurrente.

Licia dit :

— Ne dis pas de bêtise, Rentolina. Qu'est-ce que ça fait que tu boites un peu ?

Micia dit :

— Qu'est-ce que ça fait, Rentolina ? Il suffit que tu marches lentement, personne ne se rend compte de quoi que ce soit. L'important, c'est le visage, non ?

Les deux petites jumelles avaient l'esprit très développé, compte tenu de leur âge, et aussi du péché originel.

(ici **meschina**), le français *que* se traduit par **di**.

7. dim. de **gamba**.

8. exclamatif ; cf. **che bello !** : *c'est magnifique !*; **che brutto !** : *comme c'est laid !*

9. p. s. irrég. de **dire, dissi, detto (dissi, dicesti, disse, dicemmo, diceste, dissero)**.

10. **non dire :** impératif négatif 2ᵉ pers. du sing. **Non venire** : *ne viens pas* ; mais **non dica** : *ne dites pas* ; **non venga** : *ne venez pas* (forme de politesse) et **non dite** : *ne dites pas* ; **non venite** : *ne venez pas* lorsqu'on s'adresse à plusieurs personnes.

11. les verbes terminés par **-care** et **-gare** prennent un **h** devant **i** ou **e**, pour garder le son dur. Cf. **zoppichiamo** : *nous boitons* ; **zoppicherò** : *je boiterai.*

12. **basta che** est toujours suivi du subj.

« E tu, Rentolina, hai una faccia proprio mica male[1] » disse Licia.

Micia fece[2] eco : « Proprio mica male, sicuro. Sai[3] cosa diceva ieri, la signora Cernuschi ? »

Cenerentola : « Cosa diceva ? »

« Diceva che tu hai un visetto[4] molto spiritoso, proprio così diceva. Diceva che noi due siamo due belle bambine ma tu hai un visetto più spiritoso. »

La festa era stata indetta[5] per il sabato di Mezza Quaresima nel padiglione della Mostra retrospettiva del Liberty[6], eretto[7] nel Parco municipale in stile danese principio di secolo, tutto di finto[8] legno.

Cenerentola pensò : « Come mai[9] queste due pestilenze sono oggi così gentili ? Che cosa sarà successo[10] ? » Ma disse seria[11] : « Una bambina minorata non va a una gara[12] di bellezza. Voi due siete piccole e non potete ancora capire certe cose. »

Intervenne[13] la mamma, signora Elvira Ravizza, sporgendo[14] il labbro[15] inferiore in quel suo modo caratteristico :

« Cosa ti metti in mente, Rentolina ? Licia e Micia hanno ragione. Certo che tu devi andare alla festa. »

« E che vestito metto ? » chiese[16] Cenerentola guardandola[17] con espressione mista di speranza e di paura.

« Puoi mettere il vestito che ti ho fatto fare per il compleanno. È un capo magnifico. Con quello che è costato ! »

---

1. **mica male :** exprime une certaine admiration. Come mi trovi con questo vestito ? — Mica male ! : *Comment me trouves-tu avec cette robe ? — Pas mal !*
2. p. s. irrég. de **fare, feci, fatto**.
3. prés. irrég. de **sapere, seppi, saputo** (so, sai, sa, sappiamo, sapete, sanno).
4. dim. de viso.
5. p. p. irrég. de **indire, indissi, indetto** ; lo sciopero è stato indetto : *la grève a été décidée.*
6. **Liberty :** style de la fin du XIXe siècle, début du XXe, caractérisé par de nombreux motifs ornementaux, des lignes courbes et des spirales. Du nom de A. Liberty, propriétaire du magasin londonien où se trouvaient des objets de ce style.
7. p. p. du v. **ergere, eressi, eretto**.

— Et toi, Rentolina, tu as un visage vraiment pas mal, dit Licia.

Micia fit écho :

— Vraiment pas mal, pour sûr. Tu sais ce que disait hier Mme Cernuschi ?

Cendrillon :

— Qu'est-ce qu'elle disait ?

— Elle disait que tu as un minois très spirituel, voilà exactement ce qu'elle disait. Elle disait que nous deux, nous sommes deux belles petites filles, mais que toi, tu as un minois plus spirituel.

La fête avait été fixée pour le samedi de la Mi-Carême au pavillon de l'Exposition rétrospective Liberty, construit dans le Parc municipal, en style danois du début du siècle, tout en faux bois.

Cendrillon pensa : « Comment se fait-il que ces deux petites pestes soient si gentilles aujourd'hui ? Qu'est-ce qui peut bien être arrivé ? » Mais elle dit d'un ton sérieux :

— Une enfant handicapée ne va pas à un concours de beauté. Vous deux, vous êtes petites et vous ne pouvez pas encore comprendre certaines choses.

Mme Elvira Ravizza, la maman, intervint, en avançant la lèvre inférieure, à sa manière bien caractéristique :

— Qu'est-ce que tu te mets en tête, Rentolina ? Licia et Micia ont raison. Naturellement, tu dois aller à la fête.

— Et quelle robe vais-je mettre ? demanda Cendrillon en la regardant avec une expression mêlée d'espoir et de peur.

— Tu peux mettre la robe que je t'ai fait faire pour ton anniversaire. C'est un article magnifique. Avec ce qu'elle a coûté !

---

8. l'adj. *faux* a plusieurs traductions en italien : **finto : denti finti,** *fausses dents* et **falso : una falsa notizia,** *une fausse nouvelle.*
9. **mai** renforce l'interrogation. Come mai sei qui ? : *comment se fait-il que tu te trouves ici ?* — Se traduit souvent par *donc.*
10. le futur antérieur a, dans ce cas, valeur d'hypothèse.
11. m. à m. *sérieuse.*
12. ▲ **la stazione :** *la gare.*
13. p. s. irrég. de **intervenire, intervenni, intervenuto.**
14. gérondif du v. irrég. **sporgere, sporsi, sporto.**
15. **il labbro :** plur. le labbra.
16. p. s. irrég. de **chiedere, chiesi, chiesto** (chiesi, chiedesti, chiese, chiedemmo, chiedeste, chiesero).
17. enclise du pron. pers. au gérondif.

Cenerentola pensò : « Forse io le ho giudicate male, forse sono più buone di quello che pensavo. In fondo, forse, mi vogliono bene[1]. »

Si alzò dalla[2] sedia. Passando dinanzi[3] allo specchio gettò un'occhiata[4]. Arrossì. Un viso spiritoso ? Sì, sì, era vero. Peccato quel nasetto[5] così lungo. Pomeriggio di marzo. Il sole entrava attraverso le tende di mussola. Anche le automobili, fuori, mandavano un rumore di primavera. Nel cielo passarono alla rinfusa nuvole di forme strane, accartocciandosi[6]. Ma nessuno, nella città, guardava in su[7], nessuno le vide.

Il padiglione in finto legno della Mostra del Liberty ha una grande sala centrale. Nel mezzo, da[8] una parte all'altra, una passerella soprelevata. Ai lati, la folla di signore e di bambini, seduti e in piedi, l'attesa, l'eccitazione della festa. La giuria siede al termine della pedana : dame altolocate, personalità[9] della cultura, dell'arte, del giornalismo. I fotografi scattano[10] *flashes* a mitraglia.

Ogni volta che una bambina compare all'inizio della passerella, l'orchestrina[11] manda uno squillo d'attenti[12], gli applausi scrosciano, i volti[13] si illuminano di sorrisi pieni di benignità. Come è facile sentirsi buoni di fronte a tanta innocenza. Non sono commoventi ? Con inverosimile civetteria ripetono le mosse, gli ancheggiamenti, le smorfiette, le malizie corporali imparate alla televisione. Licia e Micia, in calzamaglia a strisce[14] verdi e gialle, avanzano insieme. Un signore coi baffi si alza in piedi gridando « brave[15] ! », tanta[16] è la provocazione.

---

1. ⚠ **volere bene :** *aimer*, s'emploie pour les personnes, **piacere**, pour les choses. **Voglio bene a mio fratello** : *j'aime mon frère* ; **gli piace la pasta** : *il aime les pâtes.*
2. **da** indique le point de départ du déplacement, l'origine. Cf. **si levarono da tavola** : *ils se levèrent de table.*
3. syn. : **davanti a** (plus usité).
4. cf. **una pedata** : *un coup de pied* ; **una rivoltellata** : *un coup de revolver.*
5. dim. de **naso**.
6. enclise du pron. pers. au gérondif ; **accartocciarsi** : m. à m. *s'enrouler, se recroqueviller.*
7. **in su** ≠ **in giù** : *en bas.*
8. cf. note 2.
9. les mots accentués sur la dernière syllabe sont invariables. (Mots tronqués)

Cendrillon pensa : « Peut-être que je les ai mal jugées, peut-être sont-elles plus gentilles que je ne pensais. Au fond, peut-être qu'elles m'aiment bien. »

Elle se leva de sa chaise. En passant devant la glace, elle jeta un coup d'œil. Elle rougit. Un visage spirituel ? Oui, oui, c'était vrai. Dommage que ce petit nez fût si long. C'était un après-midi de mars. Le soleil entrait à travers les rideaux de mousseline. Dehors, les voitures aussi émettaient une rumeur printanière. Dans le ciel passèrent, pêle-mêle, des nuages qui affectaient des formes étranges en s'enroulant en spirale. Mais personne dans la ville ne regardait en l'air, personne ne les vit.

Le pavillon en faux bois de l'Exposition Liberty a une grande salle centrale. Au milieu, de part et d'autre, une piste surélevée. Sur les côtés, une foule de femmes et d'enfants, assis et debout, l'attente, l'excitation de la fête. Le jury siège au bout de l'estrade : des dames de haut rang, des personnalités du monde de la culture, des arts, du journalisme. Les photographes mitraillent de leurs flashes.

Chaque fois qu'une petite fille apparaît en début de piste, le petit orchestre fait retentir une sonnerie de « garde-à-vous », les applaudissements éclatent, les visages s'éclairent de sourires pleins de bienveillance. Comme c'est facile de se sentir bon devant tant d'innocence ! Ne sont-elles pas émouvantes ? Avec une coquetterie invraisemblable, elles reproduisent les mouvements, les déhanchements, les minauderies, les roueries corporelles apprises à la télévision. Licia et Micia, en collants à rayures vertes et jaunes, avancent ensemble. Un monsieur moustachu se lève en criant « bravo ! », tant elles sont provocantes.

---

10. **scattare una fotografia** : *prendre une photo* ; **lo scatto** : *le déclic.*
11. dim. de **orchestra**.
12. italianisme ; m. à m. *envoyer une sonnerie de garde-à-vous* ; **lo squillo del telefono** : *la sonnerie du téléphone.*
13. **il volto** : syn. il viso ; **la faccia** : *le visage.*
14. **striscia** : plur. **strisce** ; en ce qui concerne les noms terminés par **-cia** ou **-gia**, lorsque le dernier i n'est pas accentué, il est, en général supprimé au pluriel. Cf. **la guancia**, **le guance** : *la joue, les joues.*
15. adj. en italien, d'où l'emploi du fém. plur. puisque ces applaudissements s'adressent à deux petites filles.
16. **tanta** est adjectif ; m. à m. *si grande est la provocation.*

Ma il ritmo della sfilata ha una pausa. Ci deve essere stato[1] un intoppo, una esitazione, si nota un nervoso movimento, laggiù, all'inizio della passerella.

Finalmente Cenerentola compare[2]. Indossa un vestitino[3] di lana bianca con due bande verticali azzurre, senza maniche[4] e senza cintura, le calze bianche, le scarpette nere di vernice, i capelli bruni sciolti[5] sulle spalle.

Lo squillo dell'attenti dall'orchestra. Adagio, Cenerentola ! Fa un passo, due passi, pallidissima[6], con uno sforzo di sorriso. L'applauso di saluto arretra, sfaldandosi[7] in magri battimani sbigottiti[8], qua e là.

La bambina si ferma, benché[9] la musica cerchi[10] di incoraggiarla. Le denutrite piccole braccia[11] nude hanno un tremito.

Poi una voce infantile : « Oh, ecco la zoppetta ! »

Altri due passi[12] lentamente. Si fa un maledetto silenzio, nonostante l'orchestra. Adesso sono in tre, quattro, cinque che gridano insieme : « Dài, dài[13], zoppetta ! »

Chi si è messo a ridere per primo ? Un bambino o una mamma ? È stata Licia ? O le due gemelle insieme ? O il demonio, in una delle prime file, travestito da bonario paterfamilias ?

« Dài, dài ! Coraggio zoppetta ! » Adesso sono in trenta quaranta a gridare. E ridono, ridono, che scherzo spiritoso, che buffissimo. Deliziosa è la voluttà del male altrui[14] quando si è in tanti[15] e ci si sente compagni nel contagio.

---

1. **c'è stato :** *il y a eu* ; ci deve essere stato : *il doit y avoir eu.*
2. prés. irrég. de **comparire, comparvi, comparso** (compaio, compari, compare, compariamo, comparite, compaiono).
3. dim. de vestito ; lorsqu'il s'agit de vêtements d'enfant, on emploie très fréquemment le diminutif.
4. **manica :** plur. maniche.
5. p. p. irrég. de **sciogliere, sciolsi, sciolto.** Il nodo è sciolto : *le nœud est défait* ; si scioglie facilmente lo zucchero : *on dissout facilement le sucre.*
6. superlatif (au fém.) de pallido.
7. **sfaldarsi :** m. à m. *s'effriter, se désagréger.*
8. **sbigottire :** (sbigottisco) *ahurir, frapper de stupeur* ; la notizia di quell' incidente ci ha sbigottiti tutti : *la nouvelle de cet accident nous a tous frappés de stupeur* ; lo sbigottimento : *la frayeur, l'effroi.*
9. **benché** est toujours suivi du subjonctif.

Mais le rythme du défilé a un arrêt. Il doit y avoir eu une difficulté, une hésitation, on note un mouvement nerveux, là-bas, au début de la piste.

Finalement Cendrillon apparaît. Elle porte une petite robe de laine blanche avec deux bandes bleues verticales, sans manches et sans ceinture, des chaussettes blanches, des escarpins vernis noirs, ses cheveux bruns dénoués sur les épaules.

Sonnerie de garde-à-vous de l'orchestre. Doucement, Cendrillon ! Elle fait un pas, deux pas, toute pâle, en s'efforçant de sourire. Les applaudissements pour la saluer refluent et se diluent çà et là en de maigres battements de mains désemparés.

La petite fille s'arrête, bien que la musique cherche à l'encourager. Ses petits bras nus et décharnés se mettent à trembler.

Puis on entend une voix d'enfant : « Oh, voilà la petite boiteuse ! »

Deux autres pas, lentement. Malgré l'orchestre, un affreux silence se crée. Maintenant, ils sont trois, quatre, cinq à crier ensemble : « Vas-y, petite boiteuse, vas-y ! »

Qui s'est mis à rire le premier ? Un enfant ou une maman ? Est-ce Licia ? Ou les deux jumelles ensemble ? Ou le diable, à l'un des premiers rangs, déguisé en *pater familias* débonnaire ?

« Vas-y, vas-y ! Courage, petite boiteuse ! » Maintenant, ils sont trente, quarante à crier. Et ils rient, ils rient. Quelle drôle de plaisanterie, comme c'est cocasse ! La volupté de voir le malheur des autres est délicieuse, quand on est si nombreux et que l'on se sent solidaires dans la contagion.

---

10. 3e pers. du subj. prés. de **cercare**. Les verbes terminés par **-care** et **-gare** prennent un **h** devant **i** ou **e** pour garder le son dur.
11. ⚠ **il braccio :** plur. irrég. **le braccia**.
12. notez la place des nombres dans certaines expressions : **i primi tre rimasero, gli altri due se ne andarono** : *les trois premiers restèrent, les deux autres s'en allèrent.*
13. syn. : **forza !** ; formules d'encouragement.
14. cf. **non toccare la roba altrui = non toccare la roba degli altri** : *ne touche pas aux affaires des autres.*
15. ⚠ italianisme : **siamo in cinque nella macchina** : *nous sommes cinq dans la voiture* ; eravamo in tanti a voler partire : *nous étions nombreux à vouloir partir.*

Anche se è in gioco una bambina con una gamba rattrappita. Diamine[1], si è qui alla festa per divertirsi, no ? Perché non ride anche lei ? Però, dico, sua mamma non ha proprio un briciolo[2] di cervello ? L'intera sala zeppa[3] di gente è una sola selvaggia risata.

E che cosa le prende adesso, a quella stupidella ? Rentolina ha ripreso la marcia sulla passerella, non più lentamente. Ora zampetta con precipitazione, i piedi fanno tic toc, in diseguale scalpitio[4], comici[5] più che mai.

Poi tende le braccia davanti, come cercando un appoggio, una salvezza, un pietoso abbraccio che non esiste. E si mette a correre[6]. Correre ? Uno sconnesso scalpitio nella disperazione, tra l'ilarità generale, frenetica.

A due metri dal termine della passerella, inciampa, stramazzando a capofitto nella buca[7]. Fragile tonfo. Ossicini[8] teneri e dolenti.

In quel momento preciso — e nessun tecnico ha mai saputo spiegare il perché — dalla[9] base del padiglione, per l'intero perimetro, il fuoco divampò.

Il finto legno delle strutture in realtà era vero legno ; ciò per l'economia. Fu un rogo[10].

Era già calata la sera. Il parco[10] venne illuminato a giorno dal mostruoso falò. E il cielo caliginoso sopra la città divenne[11] un baldacchino di porpora.

L'ingresso al padiglione, sospeso[12] su di un sistema di piloni, era costituito da[13] un'ampia scalinata, anch'essa di cosiddetto finto legno, che si apriva sinuosamente a ventaglio appunto in stile Liberty.

---

1. interjection familière pour exprimer l'étonnement, l'agacement ou la consternation. (croisement de l'italien **diavolo** ; *diable*, avec le latin **domine,** *maître, seigneur*). **Diamine, non lo potevi dire prima !** : *que diable, tu ne pouvais pas le dire avant !*
2. **briciolo :** *petit morceau* ; **mangiare un briciolo di pane** : *manger un petit bout de pain* et **briciola,** *miette* : **mangiare una briciola di biscotto :** *manger une miette de biscuit* ; les deux mots s'emploient au sens figuré : **mandare in bricioli :** *casser en petits morceaux* : **ridurre in briciole :** *réduire en miettes.*
3. **pieno :** *plein* ; **zeppo :** *bourré* ; **un treno pieno zeppo** : *un train bondé.*
4. **lo scalpitio :** plur. **gli scalpitii**, car le **i** du sing. est accentué. Inversement : **lo studio, gli studi** (i non accentué).
5. **comico :** plur. **comici** : mot accentué sur l'antépénultième.
6. **correre, corsi, corso**.

Même si c'est une petite fille avec une jambe atrophiée qui est en jeu. Diable, on est ici à la fête pour s'amuser, oui ou non ? Pourquoi ne rit-elle pas, elle aussi ? Mais, enfin, sa mère n'a-t-elle vraiment pas un grain de cervelle ? La salle tout entière, pleine de monde à craquer, n'est plus qu'un éclat de rire sauvage.

Et qu'est-ce qui lui prend maintenant, à cette petite bécasse ? Rentolina a repris sa marche sur la piste. Et ce n'est plus avec lenteur. Maintenant elle trottine avec précipitation, ses pieds font tic tac, une sorte de piétinement inégal, plus comique que jamais.

Puis elle tend les bras en avant, comme si elle cherchait un appui, une planche de salut, une étreinte charitable qui n'existe pas. Et elle se met à courir. Courir ? Un piétinement discontinu, dans le désespoir, au milieu de l'hilarité générale, frénétique.

A deux mètres de l'extrémité de la piste, elle trébuche et s'abat lourdement, la tête la première dans le vide. Un léger plouf. De petits os tendres et douloureux.

A ce moment précis — et aucun technicien n'a jamais su expliquer pourquoi — de la base du pavillon, sur tout le périmètre, l'incendie éclata.

Le faux bois des structures était en réalité du vrai bois ; cela pour des raisons d'économie. Ce fut un bûcher.

Le soir était déjà tombé. Le parc fut éclairé comme en plein jour par ce feu de bois monstrueux. Et le ciel brumeux au-dessus de la ville devint un baldaquin de pourpre.

L'entrée du pavillon, suspendue sur un système de pylônes, était constituée d'un large escalier, lui aussi prétendument en faux bois, qui s'ouvrait de façon sinueuse en éventail, précisément en style Liberty.

---

7. **la buca :** *le trou :* **un golf di 18 buche** : *un golf de 18 trous*; **la buca del suggeritore** : *le trou du souffleur*; et **il buco** : **il buco della serratura** : *le trou de la serrure.*
8. dim. plur. de **osso.**
9. **da** marque le point de départ.
10. **rogo :** plur. **roghi** ; **parco**, plur. **parchi**. Les mots de deux syllabes terminés par **-co** et **-go** font leur plur. en **-chi** et **-ghi.**
11. **divenire, divenni, divenuto :** *devenir.* On emploie également beaucoup, dans le même sens, le verbe régulier **diventare.**
12. p. p. irrég. de **sospendere, sospesi, sospeso.**
13. **costituire** est suivi de la prép. **da. È una famiglia costituita da sei persone** : *c'est une famille constituée de six personnes.*

Giù per[1] questa scalinata, attraverso la crepitante barriera di fuoco dietro la quale la folla si contorceva[2] con urla[3] orrende invocando un impossibile soccorso, il sergente Onofrio Crescini dei vigili del fuoco, uno dei primi accorsi[4], giura di avere visto[5] scendere una bambina con un vestito bianco a bande verticali azzurre e le calze pure bianche. Sembrava assolutamente tranquilla, dice, come se[6] le vampe[7] non la toccassero.

Il sergente racconta pure che la bambina aveva grandi occhi neri e, mentre[8] scendeva adagio giù per gli scalini, guardò intensamente lui, Crescini.

Incurante del pericolo, egli si gettò in suo aiuto. Come[9] le fu dappresso[10], all'inizio della scala in fiamme, fece per[11] afferrarla. Ma l'immagine svanì. E le mani[12] del Crescini annasparono nell'aria.

Nel medesimo istante[13], con uno spaventoso boato[14] nel quale si confondevano gli spasimi umani e lo schianto[14] delle cose, il padiglione giustamente sprofondò.

---

1. **giù per :** giù indique la direction, vers le bas, des pas de la fillette et per indique le fait qu'elle descend tout l'escalier ou presque.
2. imparfait de **contorcere, contorsi, contorto**.
3. sing. urlo ; plur. le urla : *les hurlements* (collectifs) des gens et **gli urli** : *les cris* des animaux ou *les cris* isolés d'une personne.
4. p. p. irrég. de **accorrere, accorsi, accorso**.
5. p. p. irrég. de **vedere, vidi, visto**.
6. ▲ **come se** est toujours suivi du subj. imparfait.
7. **vampa :** *flamme* grande et haute ; **le vampe dell'incendio :** *les flammes de l'incendie.* Le mot **fiamma** est d'un emploi plus courant : **le fiamme del camino :** *les flammes de la cheminée.*

Le long de la pente de cet escalier, à travers la barrière de feu qui crépitait et derrière laquelle la foule se tordait avec d'horribles hurlements en invoquant un secours impossible, le sergent des pompiers, Onofrio Crescini, un des premiers accourus, jure d'avoir vu descendre une petite fille avec une robe blanche à bandes verticales bleues et des chaussettes blanches elles aussi. Elle paraissait absolument tranquille, dit-il, comme si les flammes ne la touchaient pas.

Le sergent raconte également que la petite fille avait de grands yeux noirs et que, tandis qu'elle descendait lentement les marches, elle le regarda intensément, lui, Crescini.

Insouciant du danger, il se jeta à son secours. Quand il fut près d'elle, au début de l'escalier en flammes, il tenta de la saisir. Mais l'image s'évanouit. Et les mains de Crescini se débattirent dans le vide.

C'est au même instant, dans un grondement épouvantable où se confondaient les tourments des hommes et le fracas des choses que le pavillon, justement, s'effondra.

---

8. **mentre :** *pendant que.*
9. **come** marque la simultanéité.
10. **le fu dappresso** = fu dappresso a lei ; vicino s'emploie plus couramment que **dappresso**, avec la même construction.
11. **fare per** marque le début d'un geste.
12. sing. : la mano.
13. syn. : nello stesso istante.
14. **il boato :** *bruit fort et sombre* ; il boato del vulcano : *le grondement du volcan* ; lo schianto désigne *le bruit sec* de quelque chose qui éclate : lo schianto di un tronco d'albero : *le fracas d'un tronc d'arbre.*

Il buon nome[1]

L'honneur du nom

Il conte Attilio Fossadoro, di 74 anni, presidente di sezione di Corte d'appello in pensione[2], signore oltremodo corpulento, una notte si sentì male forse per avere trasmodato nel[3] mangiare e nel bere.

« Mi sento un po' pesante » disse nell'atto di[4] coricarsi.

« Sfido io »[5] fece la moglie Eloisa. « Ci voleva poco a prevederlo. Peggio di un bambino ! »

L'emerito magistrato si abbandonò di schianto sul letto, supino[6], a bocca aperta, e non rispondeva più a nessuno.

Era un sonno di piombo dovuto[7] al Barolo[8] o si trattava di un malore[9] ? Anfanava. Lo chiamarono, lo scossero[10], gli spruzzarono dell'acqua sulla faccia. Niente.

Allora si pensò al peggio. La signora Eloisa telefonò al medico curante dottor Albrizzi.

A mezzanotte e mezzo il dottore arrivò. Vide, eseguì le auscultazioni, parve rimanere in forse[11], assunse[12] quell'[13]atteggiamento soave e diplomatico che nei medici non lascia presagire nulla di buono.

In un salottino contiguo, il dottore, donna[14] Eloisa e i due figli[15] Ennio e Martina, mandati subito a chiamare, confabularono a bassa voce.

La congiuntura si profilava minacciosa. Fu deciso di ricorrere al massimo luminare, al vecchio clinico di celebrità internazionale.

---

1. **il nome :** 1er sens : *le prénom.* **Il mio nome è Giovanni** : *mon prénom est Jean.*
2e sens : *la réputation.* **Vale più il buon nome che le ricchezze** : *une bonne réputation vaut mieux que la richesse.*
3e sens : *le nom* (sens grammatical). Notons que, dans ce dernier sens, l'italien emploie plus fréquemment **il sostantivo**, *le substantif.*
2. **la pensione :** *la retraite* ; vado in pensione : *je prends ma retraite.* Cependant, dans un autre contexte, **la pensione** désigne aussi une *pension de famille* qui, d'ailleurs, peut être d'un niveau équivalent à celui d'un hôtel.
3. notons que les infinitifs précédés de **al, col, nel, sul,** correspondent à des gérondifs, avec des nuances différentes.
4. syn. : **nel momento stesso che si coricava.**
5. **sfidare :** *défier.* Sfido io ! : expression soulignant qu'il ne pouvait en être autrement.
6. adj. de position ; le contraire : **bocconi** : *à plat ventre,* est invariable.

Le comte Attilio Fossadoro, 74 ans, président de section de Cour d'appel à la retraite, personnage extrêmement corpulent, se sentit mal une nuit, peut-être pour avoir trop mangé et trop bu.

— Je me sens un peu lourd, dit-il au moment de se coucher.

— Naturellement ! dit sa femme Eloisa. Ce n'était pas difficile à prévoir. Pire qu'un enfant !

L'éminent magistrat se laissa tomber d'un coup sur son lit, à la renverse, la bouche ouverte, et il ne répondait plus à personne.

Était-ce un sommeil de plomb dû au Barolo ou s'agissait-il d'un malaise ? Il divaguait. On l'appela, on le secoua, on lui aspergea d'eau le visage. Rien n'y fit.

Alors, on pensa au pire. Madame Eloisa téléphona au médecin traitant, le docteur Albrizzi.

A minuit et demi, le docteur arriva. Il regarda, ausculta le malade, sembla hésiter, prit l'attitude douce et diplomatique qui, chez les médecins, ne laisse augurer rien de bon.

Dans un petit salon contigu, le docteur, la comtesse Eloisa et ses deux enfants, Ennio et Martina, que l'on avait tout de suite envoyé chercher, tinrent conseil à voix basse.

La situation apparaissait menaçante. Il fut décidé d'avoir recours à la plus haute sommité médicale, au vieux clinicien de célébrité internationale.

---

7. p. p. de **dovere, dovei** ou **dovetti, dovuto**.
8. **Barolo :** vin rouge et sec du Piémont.
9. **il malore :** *mal* physique imprévu ; **la malattia** : *la maladie* ; **ammalarsi** : *tomber malade*.
10. p. s. irrég. de **scuotere, scossi, scosso** (scossi, scuotesti, scosse, scuotemmo, scuoteste, scossero).
11. **forse :** *peut-être* ; esser/stare/rimanere in forse : *demeurer dans l'incertitude* ; mettere in forse : *mettre en question*.
12. p. s. irrég. de **assumere, assunsi, assunto**.
13. ⚠ **quello** est l'antécédent du relatif **che**.
14. **Donna :** se met devant le prénom d'une femme de l'aristocratie (cf. l'usage du mot *dame*, en français, au Moyen Age). Actuellement, il convient de traduire par le titre : *la comtesse Eloisa*.
15. l'expression **i figli** désigne toujours *les enfants*, garçons et/ou filles, par rapport à leurs parents.

A ottantatré anni suonati, il professor Sergio Leprani era sempre il più autorevole ; e di riflesso il più caro. Non era però una spesaccia[1] che potesse[2] spaventare i Fossadoro.

« Chiamarlo quando ? Ma subito ! » intimò donna Eloisa.

« No, no, a quest'ora non si muove[3] garantito, togliamocelo[4] dalla mente ! »

« Per il conte Fossadoro si muoverà, e come ! Vuole scommetterci[5], caro Albrizzi ? »

Telefonò infatti, in tono così robusto da[6] sconvolgere[7] le ferree consuetudini[8] del Maestro.

Il quale giunse[9] al palazzo[10] verso le ore due, accompagnato, anzi sostenuto, dal primo dei suoi assistenti, il professore Giuseppe Marasca.

Come il sommo[11] entrò nella camera, il letargo del Fossadoro sembrava essersi fatto ancora più greve ; e l'ansimare più stentato.

Sedette[12] ai piedi del letto e lasciò fare al Marasca e all'Albrizzi, i quali gli comunicavano via via i dati : anamnesi[13], temperatura, cuore, pressione, riflessi, eccetera.

Impassibile, le palpebre abbassate a scopo di concentrazione mentale (o il sonno aveva avuto la meglio[14] ?) il Leprani ascoltava senza fare una piega.

Alla fine il Marasca gli si chinò a un orecchio chiamandolo « Maestro ! » con uno scoppio di voce sorprendente in quel luogo, in quella circostanza e in quell'ora.

Leprani si riscosse[15] e i tre medici chiesero[16] di poter rimanere soli.

---

1. vient de **spesa** ; le suffixe **-accio** est, le plus souvent, péjoratif : **il ragazzaccio** : *le voyou*, mais on le trouve également comme augmentatif.
2. ici, le subj. imparfait marque une hypothèse : *susceptible de.*
3. **muovere, mossi, mosso**.
4. enclise de pronoms groupés à l'impératif de **togliere, tolsi, tolto** ; m. à m. *enlevons-nous cela de l'esprit !*
5. **scommetterci** = scommettere sopra di questo.
6. **così... da :** en corrélation, *tellement... que* ; **è così bella da attirare gli sguardi di tutti** : *elle est tellement belle qu'elle attire les regards de tout le monde.*
7. **sconvolgere, sconvolsi, sconvolto**.
8. **la consuetudine :** *l'habitude* ; consueto : *habituel* ; **viene all'ora consueta** : *il vient à l'heure habituelle.*
9. p. s. irrég. de **giungere, giunsi, giunto**.

A quatre-vingt-trois ans sonnés, le professeur Sergio Leprani était toujours le plus qualifié ; et, de ce fait, le plus cher. Mais ce n'était pas une dépense, quelle qu'elle fût, qui pouvait faire peur aux Fossadoro.

— L'appeler quand ? Mais tout de suite ! ordonna la comtesse Eloisa.

— Non, non, à cette heure-ci, il ne se dérangera pas, c'est sûr, n'y pensons même pas !

— Pour le comte Fossadoro, il se dérangera, et comment ! Voulez-vous parier, mon cher Albrizzi ?

Elle téléphona en effet sur un ton tellement vigoureux qu'il bouleversa les habitudes inflexibles du Maître.

Lequel arriva à l'hôtel particulier des Fossadoro vers deux heures, accompagné, ou plutôt soutenu par le premier de ses assistants, le professeur Giuseppe Marasca.

Au moment où l'éminent professeur entra dans la chambre, la léthargie de Fossadoro semblait être devenue encore plus profonde et le halètement plus pénible.

Il s'assit au pied du lit et laissa faire Marasca et Albrizzi, qui lui communiquaient au fur et à mesure les données : anamnèse, température, cœur, tension, réflexes, etc.

Impassible, les paupières baissées pour mieux se concentrer mentalement (ou bien le sommeil l'avait-il emporté ?), Leprani écoutait sans broncher.

A la fin, Marasca se pencha à son oreille, en l'appelant « Maître » avec un éclat de voix surprenant en ce lieu, en cette circonstance et à cette heure.

Leprani sortit de sa torpeur et les trois médecins demandèrent à rester seuls.

---

10. **palazzo** s'oppose, par son importance, à **casa**. Différents sens : *palais, hôtel particulier, immeuble.* **Abito in un palazzo di diciotto piani, ma preferirei stare in una casa fuori città :** *j'habite un immeuble de dix-huit étages, mais je préférerais être dans une maison en dehors de la ville.*
11. **sommo :** superlatif de **alto** : *haut*; par extension : *le plus élevé, le plus important.* **Il Sommo Pontefice** : *le Souverain Pontife.*
12. p. s. irrég. de **sedere, sedei** ou **sedetti, seduto :** *être assis, s'asseoir.*
13. **anamnesi :** fém. inv., *ensemble de renseignements* recueillis en vue d'un diagnostic.
14. ⚠ **avere la meglio :** *l'emporter*; **la Juventus ha avuto la meglio sull'Inter** : *la Juventus l'a emporté sur l'Inter.*
15. p. s. irrég. de **riscuotere, riscossi, riscosso.**
16. p. s. irrég. de **chiedere, chiesi, chiesto.**

Ma il consulto non durò più di tre minuti. Dopodiché alla contessa che gli chiedeva ansiosamente[1] : « E allora, Maestro ? », Leprani rispose : « Signora mia, un minimo di pazienza ! Saprà[2] tutto a tempo debito, dal suo medico curante. » E traballando si infilò nell'ascensore.

L'Albrizzi, in compenso, non fece tanto il prezioso[3]. Con le dovute cautele comunicò senz'altro[4] il perentorio responso del grande : embolo cerebrale, prognosi infausta, nessuna speranza, al massimo ancora una settimana di vita.

Quale non fu[5] la stupefazione dell'Albrizzi il mattino dopo quando si ripresentò a palazzo Fossadoro per avere notizie.

Ida, la governante, gli aprì la porta con un sorriso radioso :

« Tutto bene, dottore, tutto benone[6] ! L'avevo sospettato fin dal primo momento, io, ma potevo forse parlare alla presenza di quei professoroni[7] ? Una sòlenne[8] bevuta, nient'altro. »

In quel momento comparve[9], gioviale, anche lui, il moribondo.

« Grazie, sa[10], caro Albrizzi, di tutto il disturbo che stanotte si è preso per me. Mi dispiace proprio... Lo so, lo so, non sono cose che si dovrebbero[11] fare alla mia età[12]. »

« Ma come sta[13] ? Come si sente in piedi ? »

« Be', la testa un po' vaga, questo sì. Per il resto, proprio niente male. In questi casi non c'è rimedio che valga[14] una bella dormita. »

---

1. adv. Pour former un adv., on met l'adj. au fém. : **ansioso→ansiosa** et on ajoute le suff. **-mente** : **allegro→allegra→allegramente**.
2. futur irrég. de **sapere, seppi, saputo** (saprò, saprai, saprà, sapremo, saprete, sapranno).
3. **fare il prezioso :** familier ; m. à m. *se faire attendre.*
4. ⚠ **senz'altro :** (altro=altra cosa) ; *sans retard.* Autres expressions : **Non ci mancava altro !** : *il ne manquait plus que cela !* **Non fa altro che lavorare** : *il ne fait pas autre chose que travailler.* **Cattivo che non sei altro !** : *tu n'es qu'un méchant !* **Se non altro, vieni per me !** : *au moins, viens pour moi !*
5. p. s. irrég. de **essere** (fui, fosti, fu, fummo, foste, furono).
6. familier ; syn. **benissimo**.
7. suff. augmentatif **-one : il professore, il professorone** : *le professeur, le grand professeur.* Rapprocher de **bene benone**.

Mais la consultation ne dura pas plus de trois minutes. Après quoi, à la comtesse qui lui demandait anxieusement : « Et alors, Maître ? », Leprani répondit : « Chère madame, un petit peu de patience ! Vous saurez tout, en temps voulu, par votre médecin traitant. » Et en titubant, il se glissa dans l'ascenseur.

Albrizzi, en revanche, ne se fit pas tant prier. Avec les précautions d'usage, il communiqua, sans ambages, le verdict péremptoire du patron : embolie cérébrale, pronostic funeste, aucun espoir, tout au plus encore une semaine de vie.

Quelle ne fut pas la stupéfaction d'Albrizzi, le lendemain, quand il se représenta à l'hôtel Fossadoro pour avoir des nouvelles !

Ida, la gouvernante, lui ouvrit la porte avec un sourire radieux :

— Tout va bien, docteur, tout va très bien ! Je m'en étais doutée dès le début, moi, mais pouvais-je parler en présence de ces grands professeurs ? Une beuverie magistrale, rien d'autre.

A ce moment-là apparut, jovial, lui aussi, le moribond.

— Oh ! merci, mon cher Albrizzi, pour tout le mal que vous vous êtes donné pour moi, cette nuit. Je regrette vraiment... Je sais, je sais, ce ne sont pas des choses qu'on devrait faire à mon âge.

— Mais comment allez-vous ? Debout, comment vous sentez-vous ?

— Bon, la tête un peu embrumée, ça oui. Pour le reste, vraiment pas mal du tout. Dans ces cas-là, il n'y a pas de remède qui vaille un bon somme.

---

8. **solenne :** *solennel*, d'où *extraordinaire :* **un solenne schiaffo** : *une gifle magistrale*.
9. p. s. irrég. de **comparire, comparvi, comparso**.
10. m. à m. *vous savez* ; remplit un vide dans la conversation.
11. accord avec le sujet cose. Cf. **si deve costruire una nuova casa** : *on doit construire une nouvelle maison* ; **si devono costruire nuove case** : *on doit construire de nouvelles maisons.*
12. **l'età :** fém. inv.
13. **come sta ? :** la question porte sur la santé ; **come va ?** : la question est plus générale.
14. subj. irrég. de **valere, valsi, valso :** *valoir* (ind. prés. : **valgo, vali, vale, valiamo, valete, valgono**). Subj. prés. à sens consécutif obligatoire après la négation dans la principale, dont le verbe est au présent. Si le verbe était au futur, on aurait également le subj. prés.

Stupefazione. Ma anche scandalo. Come[1] il Marasca, primo assistente del Maestro, seppe[2] dall'Albrizzi la « resurrezione » del Fossadoro, andò su tutte le furie[3] :

« È assurdo ! È inaudito ! Il professor Leprani non sbaglia[4] mai, non può sbagliare ! Ma ti rendi conto, Albrizzi, di quello che può succedere[5] ? Gliene è andata già buca una, al Maestro, il mese scorso e se non gli è venuto l'infarto[6] è stato un miracolo. Sei giorni a letto, ha dovuto restare. Un secondo smacco[7] sarebbe fatale. Lo capisci ? Dopo tutto, bestia anche tu a non aver capito ch'era soltanto una sbronza. »

« E tu ? E tu, allora ? »

« Io, un dubbio, giuro, l'ho avuto. Ma provaci tu a contraddirlo[8], il Maestro, lo sai che razza[9] di temperamento. E ormai lui lo ha già dato pubblicamente per cadavere[10], il Fossadoro. »

« Accidenti. E che cosa si può fare ? »

« Senti, al Maestro credo che siano[11] dovuti tutti i riguardi possibili, mi capisci ? proprio tutti i riguardi ! Andrò io stesso a parlare con la contessa. »

« Per dirle cosa ? »

« Lascia fare a me. Niente paura[12]. Sistemerò le cose per il meglio. »

Il Marasca, intrepido arrampicatore universitario, parlò chiaro a donna Eloisa :

« Qui sta succedendo[13] una cosa gravissima, il professor Leprani ha sentenziato un esito mortale a breve termine e il paziente se ne va in giro per la casa come se niente fosse. Non sarà[14] mica uscito, per caso... »

---

1. syn. : nell'atto che.
2. p. s. irrég. de **sapere, seppi, saputo**.
3. syn. montare in furia, andare in bestia.
4. on emploie indifféremment **sbagliare** ou **sbagliarsi**, mais la construction est différente : Anna ha sbagliato = Anna si è sbagliata. Dans le même sens, le verbe errare est plus littéraire.
5. **succedere, successi, successo**.
6. italianisme ; m. à m. *si l'infarctus ne lui est pas venu.*
7. **smacco :** *échec humiliant* ; smaccare : *humilier.* Lo scacco, dont le premier sens désigne *le jeu d'échecs* (il gioco degli scacchi), est plus employé : è stato uno scacco tremendo ! *cela a été un terrible échec !*
8. v. composé de **dire, dissi, detto** ; enclise du pron. pers. avec l'infinitif.

Stupéfaction. Mais aussi scandale. Quand Marasca, premier assistant du Maître, apprit par Albrizzi la « résurrection » de Fossadoro, il se fâcha tout rouge.

— C'est absurde ! Inouï ! Le professeur Leprani ne se trompe jamais, il ne peut pas se tromper ! Mais est-ce que tu te rends compte, Albrizzi, de ce qui peut se passer ? Le patron s'est déjà mis le doigt dans l'œil, le mois dernier, et s'il n'a pas eu un infarctus, ç'a été un miracle. Il a dû rester six jours au lit. Un second échec serait fatal. Comprends-tu ? Après tout, tu es idiot, toi aussi, de n'avoir pas compris que c'était seulement une cuite.

— Et toi ? Et toi alors ?

— Moi ! Un doute, je l'ai eu, je le jure. Mais essaye donc, toi, de le contredire, le patron, tu sais quelle espèce de tempérament il a. Et maintenant, lui, il l'a déjà donné publiquement pour mort, Fossadoro.

— Zut, et qu'est-ce qu'on peut faire ?

— Écoute, je crois que l'on doit au patron tous les ménagements possibles, tu me comprends ? Vraiment, tous les ménagements ! J'irai parler moi-même à la comtesse.

— Pour lui dire quoi ?

— Laisse-moi faire. N'aie pas peur. J'arrangerai les choses au mieux.

Marasca, intrépide arriviste dans le monde universitaire, parla clairement à la comtesse Eloisa :

— Il se passe ici quelque chose de très grave. Le professeur Leprani a décrété une issue fatale à court terme et le patient se promène dans la maison comme si de rien n'était. Il ne serait pas sorti, par hasard...

---

9. ⚠ **che razza di :** italianisme, se dit souvent dans un sens péjoratif : **Ma che razza di amici che hai !** *Mais quelle sorte d'amis tu as !* **Ma che razza di stupidaggini stanno dicendo !** *Mais quelles espèces de bêtises ils sont en train de dire !*
10. cf. **sono cadavere** : expr. familière, au sens figuré, pour dire : *je n'en peux plus, je suis mort de fatigue.*
11. on rencontre la plupart du temps le subj. après le verbe **credere**. Notons cependant la nuance : **credo che Dio esiste** : *je crois que Dieu existe* (et j'en suis sûr). **Credo che Dio esista** : *je crois que Dieu existe* (mais je n'en suis pas tout à fait sûr).
12. style parlé. **Niente sciocchezze** ! *pas de bêtises !*
13. forme progressive ; cf. **sta parlando** : *il est en train de parler.*
14. valeur hypothétique du futur.

« Ma, veramente... »

« Domeneddio[1], che disastro. Il prestigio di un clinico sommo, invidiatoci[2] dall'estero, messo a repentaglio[3] così ! Non possiamo permetterlo assolutamente. »

« Mi dia[4] lei un consiglio, professor. »

« Intanto, per prima cosa, persuadere[5] il conte a mettersi a letto, fargli capire che è ammalato, gravemente ammalato. »

« Ma se lui si sente bene ! »

« No, contessa, questa obiezione da lei non me l'aspettavo. Non si rende conto della delicatezza della situazione ? Una vita spesa[6] per la umanità sofferente, una fama[7] conquistata col diuturno lavoro di tanti anni, dovrebbero essere trascinate nel fango ? »

« Ma non sarebbe logico che lei parlasse a mio marito ? »

«Dio me ne guardi. A quell'età si è così attaccati alla vita... E poi, voglia considerare, mi permetta, anche il buon nome di casa Fossadoro... Se si venisse a sapere la verità, se l'integerrimo[8] magistrato, di illustre famiglia patrizia[9], diventasse lo zimbello[10] della piazza... Un ubriacone[11] senza freni ! »

« Professor, non le[12] permetto... »

« Scusi, contessa, ma non è più il caso[13] di fare complimenti[14]. Il professor Leprani deve essere salvato ad ogni costo. »

« E cosa dovrebbe fare mio marito ? Scomparire ? Togliersi[15] la vita ? »

---

1. familier ; formé par contamination du latin **domine**, vocatif de **dominus**, *seigneur*, et de **Dio**, *Dieu*. L'invocation religieuse est : **O signore Dio** ! ou **O Dio, nostro Signore** ! : m. à m. *Oh, mon Dieu, notre Seigneur.*
2. enclise avec le pron. pers.
3. **repentaglio :** s'emploie surtout dans cette expression : **Ha messo la propria vita a repentaglio** : *il a mis sa vie en danger.*
4. forme de politesse de l'impératif (en réalité 3e personne du sing. du subj. de **dare**).
5. **persuadere, persuasi, persuaso**.
6. p. p. de **spendere, spesi, speso**.
7. ▲ faux ami ; ne pas confondre non plus avec la **fame** : *la faim.*
8. forme littéraire du superlatif ; on dit plutôt **molto integro** ; de même **celeberrimo** = **molto celebre** : *très célèbre.*

— Mais vraiment...

— Mon Dieu, quel désastre ! Le prestige d'une sommité de la médecine, qu'on nous envie de l'étranger, mis en péril de cette façon ! Nous ne pouvons absolument pas le permettre.

— Donnez-moi un conseil, professeur.

— Pour l'instant, en premier lieu, persuader le comte de se mettre au lit, lui faire comprendre qu'il est malade, gravement malade.

— Mais s'il se sent bien, lui ?

— Non, madame la comtesse, je ne m'attendais pas à cette objection de votre part. Vous ne vous rendez pas compte de la délicatesse de la situation ? Une vie passée au service de l'humanité souffrante, une renommée conquise au prix d'un travail incessant, pendant tant d'années, faudrait-il que tout cela soit traîné dans la boue ?

— Mais ne serait-il pas logique que vous parliez, vous-même, à mon mari ?

— Dieu m'en garde ! A cet âge, on est tellement attaché à la vie... Et puis, permettez, veuillez considérer aussi l'honneur des Fossadoro. Si l'on venait à apprendre la vérité, si ce magistrat parfaitement intègre, d'une illustre famille patricienne, devenait la risée de toute la ville... Un ivrogne sans retenue !

— Professeur, je ne vous permets pas...

— Excusez-moi, madame la comtesse, mais ce n'est plus le moment de faire des manières. Le professeur Leprani doit être sauvé à tout prix.

— Et que devrait faire mon mari ? Disparaître ? S'ôter la vie ?

---

9. **patrizio** se dit de quiconque appartient à l'aristocratie, avec ou sans titre nobiliaire.
10. **zimbello :** littéralement *appeau*, c'est-à-dire oiseau employé pour attirer les autres dans un filet, d'où le sens figuré d'*attrape-nigaud*, *tête de Turc*, etc.
11. augmentatif (suff. **-one**) de **ubriaco** : *ivre*.
12. pron. pers. fém. compl. d'objet indirect de la personne de politesse représentant **Vostra Signoria**.
13. ▲ italianisme à retenir : **non è il caso di venire** : *ce n'est pas le moment* (ou *ce n'est pas la peine*) *de venir*.
14. ▲ cf. **Non fare complimenti** ! *ne fais pas de manières ! :* expression courante employée pour engager à accepter ce que l'on vous offre.
15. **togliere, tolsi, tolto** ; ici forme réfléchie (prés. ind. **mi tolgo, ti togli, si toglie, ci togliamo, vi togliete, si tolgono**).

« Questo è affar vostro, contessa. Da parte mia le ripeto : Leprani non sbaglia mai[1], neanche[2] stavolta può essersi sbagliato... Che diamine, un minimo[3] di riguardo per tanto[4] scienziato ! »

« Io non so, professor, non capisco... Personalmente non ho nulla in contrario a mettermi nelle sue mani[5]... »

« Brava, contessa. Come del resto me l'aspettavo, constato in lei un alto concetto della rispettabilità della casata[6], del decoro sociale... In fondo sarà una cosa semplice... Somministrare, ad esempio, i cibi adatti... Il conte suo marito, eh, eh, non si farà pregare... »

« E la conclusione sarebbe ? »

« Il professor Leprani non può essere smentito da chicchessia[7]. Ha detto una settimana. Tiriamogli pure il collo[8], alla sua diagnosi[9]. Vede che in fondo anch'io sono comprensivo. Ma entro quindici giorni, i funerali. »

La macchina dell'onore accademico[10] si mise ben presto in moto.

Leprani chiedeva al primo assistente : « E allora, notizie del vecchio conte ? Sta tirando regolarmente le cuoia[11] ? » E l'assistente : « Lei ha già parlato, Maestro. Tutto secondo le previsioni. Ormai più di là che di qua[12]. »

A palazzo Fossadoro, dove il conte coi più ingegnosi pretesti (il freddo, il vento, la umidità, lo smog, un principio di raffreddore) veniva[13] tenuto rinchiuso[14], urgevano le telefonate di circostanza. La diagnosi di Leprani aveva già fatto il giro della città.

---

1. **il professore non sbaglia mai** = mai sbaglia il professore. Lorsque mai est placé après le verbe, la première négation (non) n'annule pas la seconde. Notons cependant la valeur emphatique de la seconde tournure.
2. **neanche** renforce la première négation.
3. superlatif de **piccolo**.
4. **tanto :** ici sens emphatique ; pourrait aussi avoir un sens humoristique pour désigner une personne qui croit être importante.
5. m. à m. *je n'ai rien de contraire à m'en (re) mettre entre vos mains.*
6. ensemble des personnes appartenant à une même lignée. **Dante apparteneva ad un'antica casata :** *Dante appartenait à une ancienne maison.*

— Ça, c'est votre affaire, madame la comtesse. De mon côté, je vous le répète : Leprani ne se trompe jamais, cette fois non plus, il ne peut pas s'être trompé... Que diable, un minimum de respect pour un si grand savant !

— Moi je ne sais pas, monsieur le professeur, je ne comprends pas... Personnellement, je ne suis nullement opposée à m'en remettre à vous...

— Très bien, madame la comtesse. Comme je m'y attendais, d'ailleurs, je constate en vous une conception élevée de la respectabilité de votre maison, du décorum social... Au fond, ce sera une chose simple... Administrer, par exemple, les aliments qu'il faut. Le comte, votre mari, bah ! ne se fera pas prier...

— Et comment cela finirait-il ?

— Le professeur Leprani ne peut recevoir de démenti de personne. Il a dit une semaine. Sollicitons même son diagnostic. Vous voyez que, au fond, moi aussi, je suis compréhensif. Mais dans les quinze jours, les obsèques.

La mécanique de l'honneur académique se mit bientôt en mouvement.

Leprani demandait à son premier assistant : « Et alors, des nouvelles du vieux comte ? Est-ce qu'il est en train de passer l'arme à gauche, comme prévu ? » Et l'assistant, de répondre : « Vous avez déjà parlé, Maître. Tout se passe selon vos prévisions. Il a désormais un pied dans la tombe. »

A l'hôtel Fossadoro où le comte était tenu enfermé sous les prétextes les plus ingénieux (le froid, le vent, l'humidité, le smog, un début de rhume) se pressaient les coups de téléphone de circonstance. Le diagnostic de Leprani avait déjà fait le tour de la ville.

---

7. **chicchessia :** litt. Dans le style courant, on dirait ici **Non può essere smentito da nessuno.**
8. expr. litt. ; syn. : **allungare** : *étirer.*
9. fém. inv.
10. **accademico :** plur. accademici, comme la plupart des mots terminés par -co ou -go accentués sur l'antépénultième.
11. **cuoio :** plur. cuoi, sauf dans les expr. **tirare le cuoia** : *passer l'arme à gauche*, **rimetterci le cuoia** : y laisser sa peau.
12. **più di là che di qua :** là désigne l'aldilà : *l'au-delà* ; **e qua** : *ici-bas, la terre.*
13. emploi de l'auxiliaire **venire**, car l'action est subie.
14. p. p. irrég. de **rinchiudere, rinchiusi, rinchiuso.**

Telefonavano : le pompe funebri per la scelta della bara, la preparazione della salma[1] e gli addobbi di rito ; il medico comunale per il certificato di morte ; il parroco, impaziente di somministrare l'estrema unzione ; l'Istituto degli orfanelli[2] per la rappresentanza ai funerali ; il fioraio per le corone. E lui, il conte, sempre sano come un grillo[3].

Al quattordicesimo giorno il professor Leprani cominciò a dar segni di agitazione. « Il terribile vecchio » domandava « ancora non si è deciso[4] ? » Fu necessaria una iniezione ipotensoria.

Col[5] sangue agli occhi, nel pomeriggio, il professor Marasca si presentò al palazzo Fossadoro accompagnato da due giovani assistenti travestiti da cuochi[6] ; e prese[7] possesso della cucina. Alla sera, grande pranzo familiare per l'onomastico[8] di una nipotina. Tra[9] gli invitati, anche l'implacabile Marasca.

Lavoro, per la verità, eseguito a regola d'arte. Emozione e disturbo ridotti[10] al minimo. Come, al dessert, inghiottì[11] il primo boccone[12] di torta, il conte Attilio Fossadoro restò stecchito[13], con ancora sulle labbra[14] il beato sorriso di poco prima.

Subito il Marasca telefonò al luminare[15] :

« Ancora una volta congratulazioni, Maestro. Or ora[16] il conte ha cessato di vivere. »

---

1. **la salma :** *la dépouille mortelle.* Ce terme est d'usage fréquent dans les annonces mortuaires : **funerali nella chiesa di... ove la cara salma giungerà alle ore 10.30, proveniente dall'ospedale di...** : *obsèques en l'église de... où la (chère) dépouille mortelle arrivera à 10 h 30, de l'hôpital de...*
2. **gli orfanelli :** *les petits orphelins.* L'orphelinat est probablement patronné par le comte ou la comtesse.
3. m. à m. *comme un grillon.*
4. p. p. irrég. de **decidere, decisi, deciso**.
5. **con** marque l'attitude et ne se traduit généralement pas. **Guardava con gli occhi spalancati** : *il regardait, les yeux grands ouverts.*
6. **il cuoco :** plur. **i cuochi** ; mot accentué sur l'avant-dernière syllabe, l'introduction d'un **h** permet de garder le son dur au pluriel.
7. p. s. irrég. de **prendere, presi, preso**.
8. mot qui vient du grec **onoma** : *le nom.*

Téléphonaient : les pompes funèbres pour le choix du cercueil, la préparation du corps et les ornements pour le service funèbre ; le médecin de la commune pour le permis d'inhumer ; le curé, impatient d'administrer l'Extrême-onction ; l'orphelinat pour sa représentation aux obsèques ; le fleuriste pour les couronnes. Et lui, le comte, il était toujours frais comme un gardon.

Au quatorzième jour, le professeur Leprani commença à donner des signes d'agitation.

— Le terrible vieillard, demandait-il, ne s'est pas encore décidé ?

Une injection hypotensive fut nécessaire.

Les yeux injectés de sang, l'après-midi, le professeur Marasca se présenta à l'hôtel Fossadoro accompagné de deux jeunes assistants déguisés en cuisiniers et prit possession de la cuisine. Le soir, grand dîner de famille pour la fête d'une petite-fille. Parmi les invités, également l'implacable Marasca.

Un travail, à vrai dire, exécuté dans les règles de l'art. Émotion et dérangement réduits au minimum. Au moment où, au dessert, il avala la première bouchée de gâteau, le comte Attilio Fossadoro tomba raide mort, avec encore sur les lèvres le sourire béat qu'il arborait peu auparavant.

Tout de suite Marasca téléphona à la sommité médicale :

— Encore une fois mes félicitations, Maître. Le comte vient de cesser de vivre.

---

9. **tra** = fra.
10. p. p. irrég. de **ridurre, ridussi, ridotto**.
11. **inghiottire (-isco)**.
12. **il boccone** : *bouchée*, vient de **bocca** : *bouche*.
13. **stecchire (-isco)** : *devenir sec, rigide* ; **uno stecco** : *une branche sèche*.
14. ▲ **il labbro** : plur. irrég. **le labbra**.
15. **il luminare** : 1) *l'astre* 2) *personne de grand savoir* ; s'emploie surtout pour désigner un grand patron.
16. **Or ora** : syn. **proprio ora, poco fa**. Ces expressions marquent un passé récent.

Dal medico

Chez le médecin

Sono andato dal medico[1] per la visita di controllo semestrale : un'abitudine che ho preso[2] da quando sono diventato quarantenne.

Il mio medico è un vecchio amico[3], Carlo Trattori, che ormai mi conosce per diritto e per rovescio[4].

È un pomeriggio infido e nebbioso[5] d'autunno, tra poco dovrebbe arrivare la sera.

Appena entro, Trattori mi guarda in un certo modo, e sorride :

« Ma tu stai[6] magnificamente, stai. Non ti si riconoscerebbe, a pensare che faccia tirata avevi, solo un paio d'anni fa[7]. »

« È vero. Non mi ricordo d'essere mai stato bene come adesso. »

Di solito[8] si va dal medico perché si sta male. Oggi sono venuto dal medico perché sto bene, benissimo. E ne provo una soddisfazione nuova, quasi vendicativa, di fronte a Trattori che mi ha sempre conosciuto come un nevrotico[9], un ansioso, affetto dalle principali angosce[10] del secolo.

Ora invece sto bene. Da qualche mese in qua[11], di bene in meglio. Né mai più mi capitano, al risveglio del mattino, filtrando fra le stecche[12] delle persiane la grigia[10] funesta luce dell'alba metropolitana, propositi suicidi.

---

1. plur. **i medici**. Les mots terminés par **-co** et **-go**, accentués sur l'antépénultième (avant-avant dernière syllabe), forment leur pluriel en **-ci** et **-gi**.
2. p. p. irrég. de **prendere, presi, preso**.
3. bien qu'accentué sur l'avant-dernière syllabe, **amico** a un plur. irrég. : **amici**. Autres exceptions : **nemico, nemici** : *ennemi* ; **greco, greci** : *grec* ; **belga, belgi** : *belge* et **porco, porci** : *porc*.
4. **per diritto e per rovescio :** m. à m. *à l'endroit et à l'envers*.
5. ⚠ **la nebbia** : *la brume* ; **la neve** : *la neige*.
6. **stare** se réfère ici à la santé : **Come stai ? — sto bene** : *Comment vas-tu ? — je vais bien*. Autre sens : **questo cappello ti sta bene** : *ce chapeau te va bien*. Ne pas oublier les deux constructions de **stare** : **sto per parlare** : *je vais parler* et **sto parlando** : *je suis en train de parler*.

Je suis allé chez le médecin pour ma visite de contrôle semestrielle : une habitude que j'ai prise depuis que j'ai quarante ans.

Mon médecin, Carlo Trattori, est un vieil ami qui me connaît maintenant sur toutes les coutures.

C'est un après-midi traître et brumeux d'automne, le soir devrait arriver sous peu.

A peine suis-je entré, Trattori me regarde d'une certaine manière et sourit :

— Mais tu as une mine magnifique, vraiment magnifique. On ne te reconnaîtrait pas, si on pense aux traits tirés que tu avais, voilà seulement deux ans.

— C'est vrai. Je ne me souviens pas de m'être jamais aussi bien porté que maintenant.

D'habitude, on va chez le médecin parce qu'on se porte mal. Aujourd'hui, je suis venu chez le médecin parce que je me sens bien, très bien. Et j'en éprouve une satisfaction nouvelle, presque vengeresse, en face de Trattori qui m'a toujours connu comme un névrosé, un anxieux, affecté des principales angoisses du siècle.

Maintenant, au contraire, je vais bien. Depuis quelques mois, de mieux en mieux. Et il ne m'arrive plus jamais, quand je me réveille le matin, des idées de suicide, alors que filtre à travers les lames des persiennes la grise et sinistre lumière de l'aube métropolitaine.

---

7. m. à m. *il y a seulement deux ans.*
8. expr. Cf. **solito** : *habituel.*
9. **nevrotico :** plur. **nevrotici**. Cf. note 1.
10. plur. de **angoscia**. Pour les subst. ou adj. terminés par **-cia** ou **-gia**, si le i est accentué au sing., bien entendu on le conserve au plur. : **farmacia→farmacie** : *pharmacie (s).* S'il n'est pas accentué, on distingue deux cas : 1) la finale **-cia** ou **-gia** est précédée d'une consonne, le i tombe au pluriel : cas du texte ; cf. **caccia→cacce** : *chasse(s)*, **spiaggia→spiagge** : *plage(s)* ; 2) cette finale est précédée d'une voyelle, le i est maintenu au pluriel : **audacia→audacie, grigia→grigie.**
11. italianisme ; on peut dire aussi, simplement, **da qualche mese.**
12. **stecca :** plur. **stecche** (le son dur est toujours conservé au fém.).

« C'è bisogno di visitarti ? » dice Trattori. « Stavolta mangerò il pane a ufo, alla tua faccia. »

« Be', già che sono venuto... »

Mi spoglio, mi stendo sul lettuccio, lui misura la pressione[1], ascolta cuore e polmoni, tenta i riflessi. Non parla.

« E allora ? » chiedo io.

Trattori alza le spalle, manco[2] si degna di[3] rispondere. Però mi guarda, mi osserva come se[4] non conoscesse la mia faccia a memoria. Finalmente :

« Piuttosto dimmi[5]. Le tue fisime, le tue classiche fisime ? Gli incubi ? Le ossessioni ? Mai conosciuto uno più tormentato di te. Non vorrai[6] mica farmi credere... »

Faccio un gesto categorico[7].

« Piazza pulita[8]. Sai quello che si dice niente ? Neanche il ricordo. Come se fossi diventato un altro. »

« Come se fossi diventato un altro... » fa eco Trattori, scandendo[9] le sillabe, pensieroso. La caligine, di fuori, si è infittita[10]. Benché non siano ancora le cinque[11] sta facendosi buio lentamente.

« Ti ricordi » dico « quando all'una[11], alle due di notte venivo a[12] sfogarmi da te ? E tu stavi ad[13] ascoltarmi anche se cascavi dal sonno ? A ripensarci mi vergogno. Che idiota ero, solo adesso lo capisco, che formidabile idiota. »

« Mah, chissà. »

« Che cosa vorresti[14] dire ? »

« Niente. Piuttosto rispondi sinceramente : sei più felice adesso o prima ? »

---

1. signifie, selon le contexte, *pression* ou *tension*.
2. **manco** : adv., usage pop., d'origine romaine. **Manco mi guarda** : *il ne me regarde même pas*.
3. = **non si degna neanche di rispondere**. Noter la construction du verbe **degnarsi** avec la prép. **di**.
4. ▲ **come se** est toujours suivi du subj. imparfait.
5. ▲ enclise et redoublement de la consonne initiale du pron. pers. avec les impératifs monosyllabiques : **di', dà', sta, fa, va** ; **dille** : *dis-lui* ; **dammi** : *donne-moi* ; **stacci** : *restes-y* ; **fallo** : *fais-le* ; **vattene** : *va-t'en*.
6. futur de **volere, volli, voluto,** à valeur hypothétique.
7. plur. **categorici** (adj. accentué sur l'antépénultième, cf. note 1 page précédente).
8. m. à m. *place nette* (propre).
9. **scandire (-isco)**.

— Faut-il vraiment t'examiner ? dit Trattori. Cette fois, je gagnerai mon pain à l'œil, à tes frais.

— Eh bien, du moment que je suis venu...

Je me déshabille, je m'étends sur le petit lit, il me prend la tension, m'ausculte le cœur et les poumons, examine mes réflexes. Il ne dit rien.

— Et alors ? demandé-je.

Trattori hausse les épaules, il ne daigne même pas répondre. Mais il me regarde, il m'observe comme s'il ne connaissait pas mon visage par cœur. Finalement :

— Dis-moi plutôt. Tes lubies, tes lubies classiques ? Tes cauchemars ? Tes obsessions ? Je n'ai jamais connu quelqu'un de plus tourmenté que toi. Tu ne vas tout de même pas me faire croire...

Je fais un geste catégorique.

— Tout a été balayé. Tu sais ce qu'on appelle rien ? Pas même le souvenir. Comme si j'étais devenu quelqu'un d'autre.

— Comme si j'étais devenu quelqu'un d'autre... fait écho Trattori, en détachant les syllabes, pensif.

Le brouillard, au-dehors, s'est épaissi. Bien qu'il ne soit pas encore cinq heures, il est en train de faire nuit lentement.

— Tu te rappelles, dis-je, quand, en pleine nuit, à une heure, à deux heures, je venais me défouler chez toi ? Et que toi, tu restais à m'écouter, même si tu tombais de sommeil ? Quand j'y repense, j'ai honte. Quel idiot j'étais, je le comprends seulement maintenant, quel formidable idiot !

— Euh, qui sait ?

— Que voudrais-tu dire ?

— Rien. Ou plutôt réponds sincèrement : es-tu plus heureux maintenant ou avant ?

---

10. p. p. de **infittirsi :** *s'épaissir.* Cf. **fitto :** *épais.* **Ha le sopracciglia fitte :** *il a les sourcils épais.*
11. ⚠ **le cinque :** cinq heures (le mot **ore** est sous-entendu). **Che ore sono ? — Sono le undici. È mezzogiorno. È l'una** (le mot sing. **ora** est sous-entendu), **Sono le due... :** *Quelle heure est-il ? — Il est onze heures. Il est midi. Il est une heure. Il est deux heures.*
12. le verbe **venire** et tout verbe de mouvement est suivi de la prép. **a** devant un infinitif : **è venuta a cercare questo libro :** *elle est venue chercher ce livre.*
13. **a** peut devenir **ad** devant une autre voyelle, sans que ce soit obligatoire. De même e peut devenir **ed** dans le même cas.
14. cond. irrég. de **volere (vorrei, vorresti, vorrebbe, vorremmo, vorreste, vorrebbero).**

« Felice ! Che parola grossa. »

« Be', diciamo soddisfatto[1], contento, sereno. »

« Ma certo, molto più sereno adesso. »

« Dicevi sempre che in famiglia, sul lavoro[2], tra la gente[3], ti sentivi sempre isolato, estraniato ? È dunque finita la tua bella alienazione ? »

« Proprio così. Per la prima volta, come dire ?... ecco, mi sento finalmente inserito nella società. »

« Caspita. Complimenti. E da qui un senso di sicurezza[4], vero ? di coscienza appagata ? »

« Mi prendi in giro[5] ? »

« Neppure per idea[6]. E dimmi[7] : fai una vita più regolata di prima ? »

« Non saprei[8]. Forse sì. »

« Vedi la televisione ? »

« Be', quasi tutte le sere. Irma e io non usciamo[9] quasi mai. »

« Ti interessi allo sport ? »

« Riderai se ti dico[10] che sto cominciando[11] a diventare tifoso. »

« E per chi tieni ?

« Per l'Inter[12], naturalmente. »

« E di che partito sei ? »

« Partito come ? »

« Partito politico[13], no ? »

Mi alzo, mi avvicino, gli sussurro una parola in un orecchio.

Lui :

« Quanti misteri. Come se non lo si sapesse in giro[14]. »

« Perché ? Ti scandalizzi ? »

---

1. p. p. irrég. de **soddisfare**, v. composé de **fare, feci, fatto**.
2. **sul lavoro** : *au travail*; **sta lavorando** : *il est en train de travailler.* Mais on dit **vado al lavoro** : *je vais au travail.*
3. fém. sing. en italien. **C'è molta gente** : *il y a beaucoup de gens.*
4. ▲ différentes traductions de *sécurité* : **la sicurezza** ; *la Sécurité sociale :* **la Previdenza sociale** et *l'assurance* : **l'assicurazione** (fém.).
5. **prendere in giro** ; syn. **canzonare** : *se moquer de.* A l'inverse du français, en italien, ces deux verbes se construisent avec un complément d'objet direct : **Luigi prende in giro Anna = Luigi canzona Anna** : *Louis se moque de Anne.*
6. ▲ italianisme à retenir.
7. enclise du pron. pers. avec un impératif monosyllabique.

— Heureux ! Quel grand mot !

— Eh bien, disons satisfait, content, serein.

— Mais certainement, beaucoup plus serein maintenant.

— Tu disais toujours que, en famille, à ton travail, au milieu des gens, tu te sentais toujours isolé, étranger ? Ta fameuse aliénation est donc finie ?

— C'est exactement cela. Pour la première fois, comment dire ?... Voilà, je me sens finalement inséré dans la société.

— Diantre ! Mes compliments. Et de là découle un sentiment de sécurité, n'est-ce pas ? de conscience satisfaite ?

— Tu te moques de moi ?

— Pas le moins du monde. Et dis-moi : tu mènes une vie plus régulière qu'auparavant ?

— Je ne sais trop dire. Peut-être que oui.

— Tu regardes la télévision ?

— Euh, presque tous les soirs. Irma et moi, nous ne sortons presque jamais.

— Tu t'intéresses au sport ?

— Tu riras si je te dis que je commence à devenir supporter.

— Et pour qui tiens-tu ?

— Pour l'Inter, naturellement.

— Et de quel parti es-tu ?

— Parti, en quel sens ?

— Parti politique, bien sûr !

Je me lève, je m'approche, je lui murmure un mot à l'oreille.

Et lui :

— Que de mystères ! Comme si tout le monde alentour ne le savait pas.

— Pourquoi ? Tu es scandalisé ?

Cf. note 5 page précédente.

8. conditionnel irrég. de **sapere** (saprei, sapresti, saprebbe, sapremmo, sapreste, saprebbero).

9. prés. ind. irrég. de **uscire** (esco, esci, esce, usciamo, uscite, escono).

10. prés. ind. irrég. de **dire** (dico, dici, dice, diciamo, dite, dicono).

11. forme progressive. Cf. sto ascoltando : *je suis en train d'écouter* ; fa come se stesse ascoltando : *il fait comme s'il était en train d'écouter.*

12. **l'Inter (l'Internazionale) :** équipe de football de Milan.

13. **il partito politico :** *le parti politique* ; la partita di calcio : *la partie de football* ; questa è la prima parte dei racconti : *c'est la première partie des nouvelles.*

14. **il giro :** *le tour* ; c'è in giro la voce che... : *le bruit court que...*

« Per carità. È una cosa ormai normale tra i borghesi. E l'auto ? Ti piace[1] guidare ? »

« Non mi riconosceresti più. Lo sai che lumacone[2] ero una volta[3]. Bene, la settimana scorsa[4], quattro ore e dieci da Roma a Milano. Cronometrato... Ma si può sapere il perché di tutto questo interrogatorio ? »

Trattori si toglie gli occhiali[5]. I gomiti appoggiati al piano della scrivania, congiunge le dita[6] delle due mani[7] aperte.

« Vuoi sapere quello che ti è successo ? »

Io lo guardo, interdetto. Che, senza parere, Trattori abbia notato i sintomi[8] di una orrenda malattia ?

« Quello che mi è successo ? Non capisco. Mi hai trovato qualche cosa ? »

« Una cosa semplicissima. Sei morto. »

Trattori non è un tipo facile agli scherzi, soprattutto nel suo studio di medico.

« Morto ? » balbettai io. « Morto come ? Una malattia incurabile ? »

« Macché[9] malattia. Non ho detto che tu debba[10] morire. Ho detto soltanto che sei morto. »

« Che discorsi.[11] Se tu stesso poco fa dicevi che sono il ritratto della salute ? »

« Sano, sì. Sanissimo. Però morto. Ti sei adeguato, ti sei integrato, ti sei omogeneizzato, ti sei inserito anima e corpo nella compagine[12] sociale, hai trovato l'equilibrio, la tranquillità, la sicurezza. E sei un cadavere. »

« Ah, meno male. Tutto un traslato, una metafora. Mi avevi fatto prendere una di quelle paure ! »

---

1. ▲ à l'inverse du verbe français *aimer*, le verbe **piacere** se construit avec un compl. d'objet indirect ; **gli piace guidare** : *il aime conduire* ; **le piace guidare** : *elle aime conduire* (m. à m. *cela lui plaît de conduire*).
2. suff. **-one**, augmentatif de **lumaca ;** le français n'en tient pas forcément compte en traduction.
3. **una volta :** *jadis, autrefois* ; cf. **c'era una volta** : *il était une fois* ; **a volte, certe volte** : *parfois* ; **tante volte** : *bien souvent* ≠ **poche volte** : *rarement* ; **molte volte** : *de nombreuses fois, souvent.*
4. traduction de *dernier*, **la settimana scorsa** : *la semaine dernière*, mais **Questa è l'ultima settimana dei saldi** : *c'est la dernière semaine des soldes.*
5. l'italien emploie beaucoup moins que le français les pron. possessifs, il renvoie souvent l'idée de possession sur un pron.

— De grâce ! C'est une chose normale maintenant chez les bourgeois. Et l'auto ? Tu aimes conduire ?

— Tu ne me reconnaîtrais plus. Tu sais quel escargot j'étais autrefois. Eh bien, la semaine dernière, quatre heures dix de Rome à Milan. Au chronomètre... Mais peut-on savoir la raison de tout cet interrogatoire ?

Trattori enlève ses lunettes. Les coudes appuyés sur le dessus de son bureau, il joint les doigts de ses deux mains ouvertes.

— Tu veux savoir ce qui t'est arrivé ?

Je le regarde, interdit. Sans avoir l'air d'y toucher, Trattori aurait-il observé les symptômes d'une horrible maladie ?

— Ce qui m'est arrivé ? Je ne comprends pas. Tu m'as trouvé quelque chose ?

— Une chose très simple. Tu es mort.

Trattori n'est pas un type enclin aux facéties, surtout dans son cabinet médical.

— Mort ? balbutiai-je. Comment cela mort ? Une maladie incurable ?

— Mais non, il ne s'agit pas de maladie. Je n'ai pas dit que tu dois mourir. J'ai seulement dit que tu es mort.

— Qu'est-ce que c'est que ces histoires ? Puisque toi-même tu disais, tout à l'heure, que je suis l'image même de la santé ?

— Tu es en bonne santé, oui. Tout à fait en bonne santé. Mais mort. Tu t'es adapté, tu t'es intégré, tu t'es homogénéisé, tu t'es inséré corps et âme dans le système social, tu as trouvé l'équilibre, la tranquillité, l'assurance. Et tu es un cadavre.

— Ah, tant mieux ! Tout cela est au sens figuré, c'est une métaphore. Tu m'avais fait une de ces peurs !

---

réfléchi ; **mi levo la giacca** : *je retire ma veste.*

6. ▲ **il dito :** plur. irrég. *le dita.*

7. **la mano :** plur. irrég. *le mani.*

8. **il sintoma :** plur. *i sintomi.*

9. cette interjection marque toujours une très forte opposition ou une négation.

10. le v. irrég. **dovere** a deux formes possibles au présent de l'indicatif : **devo/debbo, devi, deve, dobbiamo, dovete, devono/debbono.** D'où le subj. prés. : **deva/debba, deva/debba, deva/debba, dobbiamo, dobbiate, devano/debbano.**

11. **discorso :** *conversation.* **Che discorsi !** : m. à m. *quelles bêtises !* **Tutti discorsi !** : *ce ne sont que des histoires !*

12. **la compagine :** m. à m. *l'équipe* (par exemple dans une entreprise) mais **la squadra di calcio** : *l'équipe de football.*

« Mica[1] tanto traslato. La morte fisica è un fenomeno eterno e dopo tutto eccessivamente banale. Ma c'è un'altra morte, che qualche[2] volta è ancora peggio[3]. Il cedimento[4] della personalità, la assuefazione[5] mimetica, la capitolazione all'ambiente, la rinuncia a se stessi... Ma guardati in giro. Ma parla con la gente. Ma non ti accorgi che sono morti almeno il sessanta per cento ? E di anno in anno il numero cresce. Spenti[6], piallati, asserviti. Tutti che desiderano le stesse cose, che fanno gli stessi discorsi, tutti che pensano le stesse identiche cose. Schifosa civiltà di massa. »

« Storie. Adesso, che non ho più gli incubi di una volta, mi sento molto più vivo. Molto più vivo adesso quando assisto a una bella partita di calcio, o quando schiaccio l'acceleratore fino in fondo. »

« Povero Enrico. E benedette le tue angosce[7] di una volta. »

Ne ho abbastanza. Trattori è riuscito a darmi veramente sui nervi[8].

« E allora, se sono morto, come spieghi[9] che non ho mai venduto tante mie sculture come in questo ultimo anno ? Se fossi[10] rammollito come dici... »

« Non rammollito. Morto. Ci sono oggi nazioni immense, tutte fatte di morti. Centinaia[11] di milioni[12] di cadaveri. E lavorano, costruiscono[13], inventano, si danno terribilmente da fare, sono felici e contenti. Ma sono dei poveri morti. Fatta eccezione[14] per una minoranza microscopica che gli fa fare quello che vuole, amare quello che vuole, credere in quello che vuole.

---

1. **mica** marque une négation ou la renforce : **non è mica vero** : *ce n'est pas vrai du tout.*
2. l'adj. indéfini **qualche** est toujours au sing. et entraîne le reste de la phrase au sing. : **c'è qualche malato che aspetta** : *il y a quelques malades qui attendent.*
3. comparatif de male : **andare di male in peggio** : *aller de mal en pis.*
4. cf. **cedere, cedei** ou **cedetti, ceduto** : *céder, ne plus opposer de résistance.* **Un cedimento di terreno** : *un effondrement de terrain.*
5. cf. **assuefare** : *faire prendre une habitude* ; **assuefare l'orecchio a un suono** : *accoutumer l'oreille à un son.*

— Ce n'est pas tellement au sens figuré. La mort physique est un phénomène éternel et, après tout, excessivement banal. Mais il y a une autre mort qui, quelquefois, est encore pire. L'affaissement de la personnalité, la routine moutonnière, la capitulation devant le milieu, le renoncement à soi-même... Mais regarde autour de toi. Mais parle avec les gens. Mais tu ne t'aperçois pas qu'au moins soixante pour cent sont morts ? Et d'année en année, le nombre augmente. Éteints, nivelés, asservis. Tous désirent les mêmes choses, tiennent les mêmes discours, tous pensent les mêmes choses, identiques. Écœurante civilisation de masse !

— Des histoires, tout cela. Maintenant que je n'ai plus les cauchemars d'autrefois, je me sens beaucoup plus vivant. Beaucoup plus vivant à présent quand j'assiste à une belle partie de football, ou quand j'écrase à fond l'accélérateur.

— Pauvre Enrico ! Tu devrais bénir tes angoisses d'autrefois.

J'en ai assez. Trattori a réussi à me taper vraiment sur les nerfs.

— Et alors, si je suis mort, comment expliques-tu que je n'ai jamais vendu autant de mes sculptures que l'année dernière ? Si j'étais ramolli, comme tu dis...

— Pas ramolli. Mort. Il y a aujourd'hui des nations immenses, qui ne comptent que des morts. Des centaines de millions de cadavres. Et ils travaillent, construisent, inventent, se donnent énormément de mal, sont heureux et contents. Mais ce sont de pauvres morts. Exception faite pour une minorité microscopique qui leur fait faire ce qu'elle veut, aimer ce qu'elle veut, croire ce qu'elle veut.

---

6. p. p. irrég. de **spegnere, spensi, spento**.
7. plur. de **angoscia** : le i du sing. n'est pas accentué et la finale **-cia** est précédée d'une consonne, le i tombe donc au pluriel : **caccia → cacce** : *chasse(s)* ; **oncia → once** : *once(s)*.
8. **dare sui nervi a qualcuno :** italianisme à retenir.
9. 2e pers. du prés. ind. de **spiegare :** pour que les verbes terminés par **-care** et **-gare** gardent le son dur devant i et e, on doit introduire un **h** : **spieghiamo** : *nous expliquons* ; **spiegherei** : *j'expliquerais*.
10. subj. imparfait de **essere**, après la conjonction se (la principale sous-entendue serait à l'imparfait.)
11. plur. irrég. de **centinaio**. Cf. **il migliaio, le migliaia** : *le millier, les milliers*.
12. ⚠ orthographe ; **il milione** : *le million*.
13. **costruire (-isco)**.
14. p. p. absolu ; dans ce cas, la proposition commence toujours par le p. p. ; **chiusa la porta, se ne andò** : *après avoir fermé la porte, il s'en alla*.

Come gli zombi[1] delle Antille, i cadaveri resuscitati dagli stregoni[2] e mandati a[3] lavorare nei campi. E in quanto alle[4] tue sculture, è proprio il successo che hai e che una volta non avevi, a dimostrare che sei morto. Ti sei conformato, ti sei dimensionato[5], ti sei aggiornato[6], ti sei messo al passo, ti sei tagliato le spine, hai ammainato le bandiere[7], hai dato le dimissioni[8] da[9] pazzo, da[9] ribelle, da[9] illuso. E perciò adesso piaci al grande pubblico, il grande pubblico dei morti. »

Scatto[10] in piedi. Non so più resistere.

« E allora tu ? » gli chiedo imbestialito. « Come mai di te non parli ? »

« Io ? » scuote il capo. « Anch'io, naturalmente. Morto. Da[11] parecchi anni. Come resistere, in una città come questa ? Cadavere anch'io. Solo mi è rimasto[12] uno spiraglio... per un puntiglio professionale forse... uno spiraglio da cui riesco ancora a vedere. »

Ora si è fatta veramente notte. E la bella caligine industriale ha il colore[13] del piombo. Attraverso i vetri, la casa di faccia si riesce a distinguere appena.

---

1. mot créole signifiant *fantôme d'un mort* ou *revenant.*
2. augmentatif en **-one** de **la strega** : *la sorcière* ; **lo stregone** : *le sorcier* ; **stregare** : *ensorceler.* **Quella ragazza lo ha stregato** : *cette fille l'a ensorcelé.*
3. ⚠ **mandare a lavorare :** *envoyer travailler.* Noter l'emploi obligatoire de la prép. a devant un infinitif, après un verbe de mouvement.
4. syn. **quanto a** ; **(In) quanto a lui, non ci pensa nemmeno** : *quant à lui, il n'y pense même pas.*
5. cf. **il ridimensionamento dell'impresa** : *la réorganisation de l'entreprise.*
6. cf. **l'aggiornamento**, mot parfois employé même en français pour indiquer la mise à la page. Ce terme a vu le jour, dans nos propres journaux, au moment du Concile Vatican II, où on a beaucoup parlé de **l'aggiornamento** de l'Église.
7. m. à m. *drapeaux.*
8. syn. : **rassegnare le dimissioni.**

Comme les zombies des Antilles, les cadavres ressuscités par les sorciers et qu'on envoie travailler dans les champs. Et quant à tes sculptures, c'est justement le succès que tu as et qu'autrefois tu n'avais pas qui prouve que tu es mort. Tu t'es conformé, tu t'es réorganisé, tu t'es mis à la page, tu t'es mis au pas, tu as supprimé tes épines, tu as amené le pavillon, tu as donné ta démission de fou, de rebelle, d'utopiste. Et voilà pourquoi maintenant tu plais au grand public, le grand public des morts.

Je bondis sur mes pieds. Je ne peux plus résister.

— Et toi alors ? lui demandé-je, fou de rage. Comment se fait-il que tu ne parles pas de toi ?

— Moi ? — Il hoche la tête. — Moi aussi, naturellement. Mort. Depuis pas mal d'années. Comment résister, dans une ville comme celle-ci ? Un cadavre, moi aussi. Il ne m'est resté qu'une ouverture... par point d'honneur professionnel peut-être... une ouverture par laquelle j'arrive encore à voir.

Maintenant, la nuit est vraiment tombée. Et le beau brouillard industriel a la couleur du plomb. A travers les carreaux, c'est à peine si on réussit à distinguer la maison d'en face.

---

9. ici, **da** indique la caractéristique supposée.
10. cf. expr. courante ; **scattare una foto** : *prendre une photo.* Subst. : **lo scatto ; lo scatto di una molla** : *le déclenchement d'un ressort*; **lo scatto d'anzianità** : *l'avancement à l'ancienneté.*
11. ici **da** marque l'origine dans le temps. **Da quanto tempo non ci siamo visti ? — Da quattro anni** : *Depuis combien de temps ne nous sommes-nous pas vus ? — Depuis quatre ans.*
12. p. p. irrég. de **rimanere, rimasi, rimasto**.
13. ⚠ rappelons que tous les mots terminés par **-ore** (sauf **la folgore** : *la foudre*) sont du masculin ; **il dolore** : *la douleur*; **il valore** : *la valeur.*

Vecchia auto

Vieille voiture

Ho un amico[1] che si chiama Venero Stazzi e possiede[2] una piccola officina meccanica dove spesso traffica per certe sue sbilenche invenzioni.

Un giorno mi dice : « Ce l'hai[3] ancora quella tua vecchia[4] Mustag-Morrison[5] ? »

È una macchina che ha più di vent'anni, della famosa marca che non esiste più. Mastodontica, imperiale, di linea proterva e lussuriosa[6], un vero insulto alla miseria. Però oramai sgangherata[7], un pezzo da museo.

« Sì » gli rispondo.

« E la adoperi ? »

« Di tanto in tanto. Certo che beve da[8] matti. Con un litro, in città, più di tre chilometri non faccio. »

Lui ci pensa un momento su[9] e poi : « La venderesti ? »

Mi metto a ridere : « Io sì, ma chi vuoi che la compri[10] ? »

« Per duecentomila[11] la daresti ? »

« Di volata ! »

« Te la compro io. »

« Duecentomila ? »

« Duecentomila. »

« E cosa te ne fai ? »

« Il motore, mi interessa il motore. Motori come quello adesso non ne fabbricano più. »

« Guarda che è abbastanza sfiatato[12]. »

---

1. plur. : **amici** (exception à la règle concernant les mots accentués sur l'avant-dernière syllabe).
2. v. irrég. composé de **sedere**. Prés. ind. : **siedo, siedi, siede, sediamo, sedete, siedono**.
3. forme familière du style parlé ; mis pour **Hai**.
4. m. à m. *cette vieille voiture qui est à toi*, tournure trop lourde en français.
5. nom inventé par Buzzati, qui s'est probablement inspiré des marques américaines Mustang (1947) et Morrison (1890-1897).
6. m. à m. *luxurieuse*.
7. **sgangherare :** m. à m. *enlever de ses gonds*. Cf. l'expr. **uscire dai gangheri** : *sortir de ses gonds*.
8. **da** indique ici la caractéristique.

J'ai un ami qui s'appelle Venero Stazzi et qui possède un petit atelier de mécanique où il bricole souvent quelques-unes de ses bancales inventions.

Un jour, il me dit :

— Tu l'as encore, ta vieille Mustag-Morrison ?

C'est une voiture qui a plus de vingt ans, de la fameuse marque qui n'existe plus.

Gigantesque, impériale, d'une ligne arrogante et lascive, une véritable insulte à la misère. Mais toute déglinguée qu'elle est maintenant, une vraie pièce de musée.

— Oui, lui répondis-je.

— Et tu t'en sers ?

— De temps en temps. C'est sûr qu'elle consomme comme une folle. Avec un litre, en ville, je ne fais pas plus de trois kilomètres.

Il réfléchit un moment, puis me dit :

— Est-ce que tu la vendrais ?

Je me mets à rire :

— Moi, oui, mais qui veux-tu qui me l'achète ?

— Tu la laisserais pour deux cent mille ?

— Sur-le-champ !

— Je te l'achète.

— Deux cent mille ?

— Deux cent mille.

— Et qu'est-ce que tu en fais ?

— Le moteur, c'est le moteur qui m'intéresse. Des moteurs comme celui-là, maintenant, on n'en fabrique plus.

— Tu sais, il est plutôt à bout de souffle.

---

9. **pensare su :** familier ; syn. : **riflettere.**
10. subj. prés. après un verbe de volonté au présent dans la principale.
11. les nombres s'écrivent généralement groupés. Exemples : 1 325 452 : **un milione trecentoventicinquemila quattrocento-cinquanta due.**
12. syn. : **senza fiato** ; cf. **il fiato** : *le souffle* ; **sfiatato :** *essoufflé* (le s initial est souvent privatif ; autre exemple : **per fortuna :** *heureusement* ≠ **per sfortuna** : *malheureusement*).

« Non importa. So io come sistemarlo[1]. Quel motore va d'incanto per una installazione di *skilift*[2]. »

« Uno *skilift* ? E perché non prendi un motore nuovo ? »

« Nemmeno per idea[3]. Intanto spenderei[4] il doppio e poi i motori che fanno adesso... »

Insomma l'affare viene combinato[5]. Di più, Stazzi mi firma subito[6] l'assegno. Non mi resta che portare il vecchio catorcio da un demolitore di macchine che sta in largo Cineriano.

Difatti, il mattino dopo, mi affretto al garage dove da[7] vari mesi la Mustag-Morrison giace nel sonno coperta da un telone[8].

« Partirà ? » domando all'uomo del garage.

« E perché non dovrebbe partire ? »

Toglie[9] la tela, il vecchio bestione[8] compare con le sue membra architettoniche[10] e magnifiche[10], però è un po' sudicio, dopo tanto tempo.

Io salgo[11], metto la chiave, schiaccio il bottone della messa in moto, stranamente l'accumulatore è carico e risponde, dopo una serie di starnuti la macchina si mette a funzionare.

L'uomo ha preso un piumino e si mette a togliere la polvere.

Io dico : « Grazie, ma è inutile. »

« Perché ? »

« Niente » faccio io « solo che stamattina ho fretta[12]. »

---

1. **sistemare** a de nombreux sens : **voglio sistemare il mio nuovo ufficio** : *je veux arranger mon nouveau bureau* ; **sistemiamo le schede negli armadi classificatori !** : *rangeons les fiches dans les armoires de classements !* ; **come ci sistemiamo intorno a questa tavola ?** : *comment nous plaçons-nous autour de cette table ?* ; **ho sistemato tutto** : *j'ai tout réglé* ; **ha sistemato il nipote in un cantiere all'estero e la nipote si è sistemata** : *il a trouvé du travail pour son neveu dans un chantier à l'étranger et sa nièce s'est casée (mariée).*
2. anglicisme.
3. ⚠ italianisme à retenir.
4. cond. de **spendere, spesi, speso**.
5. **combinare**, dont le sens premier est *mettre d'accord*, s'emploie dans de nombreux cas : **combinare un affare** (voir traduction) ; **combiniamo una cena per stasera !** *arrangeons un dîner pour ce soir !* ; **che cosa mi ha ancora combinato**

— Ça ne fait rien. Je sais comment l'arranger. Ce moteur convient à merveille pour une installation de remonte-pente.

— Un remonte-pente ? Et pourquoi ne prends-tu pas un moteur neuf ?

— Jamais de la vie. D'abord, je dépenserais le double et puis les moteurs qu'on fait maintenant...

En somme, l'affaire est conclue. De plus, Stazzi me signe tout de suite le chèque. Il ne me reste plus qu'à conduire le vieux clou chez un démolisseur de voitures, qui se trouve place Cineriano.

En effet, le lendemain matin, je me dépêche d'aller au garage où, depuis plusieurs mois, la Mustag-Morrison repose endormie, recouverte d'une bâche.

— Est-ce qu'elle partira ? demandé-je à l'homme du garage.

— Et pourquoi ne devrait-elle pas partir ?

Il enlève la toile, le vieux colosse énorme apparaît avec ses membres architecturaux et magnifiques : cependant, il est un peu sale, après si longtemps.

Je monte, je mets la clef, je pousse le bouton de la mise en marche, étrangement la batterie est chargée et répond ; après une série d'éternuements, la voiture se met à fonctionner.

L'homme a pris un plumeau et se met à enlever la poussière.

Je dis :

— Merci, mais c'est inutile.

— Pourquoi ?

— Pour rien, dis-je, mais ce matin, je suis pressé.

---

questo bambino ! : *qu'est-ce que cet enfant a bien pu encore faire !* De **combinare** vient le substantif **combinazione** qui signifie *combinaison*, mais aussi *hasard :* **ci siamo ritrovati per combinazione** : *nous nous sommes retrouvés par hasard.*

6. ▲ **subito :** *tout de suite* ; *soudain :* **ad un tratto**.

7. **da** marque ici l'origine dans le temps. **Non lo vedo da anni** : *je ne le vois pas depuis des années.*

8. augmentatif de **tela** (voir trois lignes plus bas : **bestione**).

9. prés. ind. irrég. de **togliere, tolsi, tolto** (**tolgo, togli, toglie, togliamo, togliete, tolgono**).

10. sing. **architettonica, magnifica**.

11. prés. ind. irrég. de **salire** (**salgo, sali, sale, saliamo, salite, salgono**).

12. m. à m. *j'ai hâte.*

C'è ancora un buon residuo di benzina. Il motore due tre volte si interrompe tossicchiando, poi si avvia[1], respira fondo, ritrova il soffice[2] tondo[3] ruggito della grande razza.

Inglese di nascita, la Mustag-Morrison è di poche parole[4]. Di solito è molto riservata e timida. Oggi però mi chiede : « Come mai non hai voluto che mi togliessero[5] la polvere ? »

« Niente, ti dico. Semplicemente ho fretta. »

« Fretta di andare dove ? Un viaggio ? »

« No, no » rispondo stupidamente. « Un girettino[6] di prova. »

« Ah ! »

Faccio per[7] innestare la prima, la quale come al solito stenta a ingranarsi. Devo provare tre volte, accelerando e decelerando, prima che[8] si innesti.

« Scusami, sai[9] » dice. « Lo so : il mio solito vizietto[10]. »

La confessione mi dà un certo coraggio.

« Te lo guariremo, il tuo vizietto. Te li guariremo tutti, i tuoi vizietti. Oggi ti porto da un meccanico sul serio[11]. »

Già marciamo[12] per le strade. È una bellissima giornata. Il sole è allegro.

Inglese, la Mustag-Morrison è di poche parole. Ma oggi, dopo tanta[13] astinenza, ha voglia[14] :

« Da un meccanico, a fare ? »

« Per rimetterti in sesto. »

« Perché ? Mi trovi giù ? »

« Una bella revisione » rispondo mentendo vergognosamente « ogni tanto ci vuole, no ? »

---

1. autre sens de **avviarsi** : *se diriger*; mi avvio verso casa : *je me dirige vers la maison.*
2. **soffice** : m. à m. *moelleux.* Non è più di moda avere una materassa soffice : *ce n'est plus à la mode d'avoir un matelas moelleux.*
3. **tondo** : m. à m. *rond.*
4. ▲ **essere di poche parole** : italianisme à retenir.
5. subj. imparfait de **togliere, tolsi, tolto.** On a le subj. parce que le verbe de la principale est un verbe de volonté ; ce verbe étant au passé composé, la concordance des temps exige le subj. imparfait dans la subordonnée.
6. diminutif composé en **-ettino** ; on dit **giretto** ou **girettino**, dans le même sens.
7. syn. tentare : *essayer.*
8. **prima che** est toujours suivi du subj.

Il y a encore un bon reste d'essence. Le moteur s'arrête deux, trois fois, en toussotant, puis il démarre, respire à fond, retrouve le rugissement doux et sans à-coups de l'animal de grande race.

Anglaise de naissance, la Mustag-Morrison est peu bavarde. D'ordinaire, elle est très réservée et timide. Aujourd'hui, cependant, elle me demande :

— Comment donc se fait-il que tu n'as pas voulu qu'on m'enlève la poussière ?

— Pour rien, te dis-je. Simplement, je suis pressé.

— Pressé d'aller où ? Un voyage ?

— Non, non, dis-je stupidement. Un petit tour d'essai.

— Ah !

Je tente de passer la première, qui, comme d'habitude, a du mal à s'enclencher. Je dois essayer trois fois, en accélérant et décélérant, avant de la passer.

— Oh ! excuse-moi, dit-elle. Je sais : mon petit défaut habituel.

Cet aveu me donne un certain courage.

— Nous le guérirons, ton petit défaut. Nous les guérirons tous, tes petits défauts. Aujourd'hui, je t'emmène pour de bon chez un mécanicien.

Nous roulons déjà sur les routes. C'est une très belle journée. Le soleil brille joyeusement.

Anglaise, la Mustag-Morrison est peu bavarde. Mais aujourd'hui, après une si longue période d'abstinence, elle a envie de parler :

— Chez un mécanicien ? Pour quoi faire ?

— Pour te remettre en état.

— Pourquoi ? Tu me trouves bien bas ?

— Une bonne révision, dis-je, en mentant honteusement, il en faut une de temps en temps, non ?

---

9. m. à m. *tu sais* ; remplit un vide dans un dialogue ; peut aussi être un tic de conversation : dans cette nouvelle, la vieille voiture le répète plusieurs fois.
10. diminutif de **vizio**, qui signifie *vice*, mais très souvent seulement *mauvaise habitude*, *défaut*.
11. **sul serio** revient dans plusieurs expressions italiennes, notamment, **dici sul serio ?** : *tu parles sérieusement ?*
12. le v. **marciare** est beaucoup moins usité que **camminare**.
13. ▲ **tanto** est un adj. ici, c'est pourquoi il s'accorde en genre et en nombre avec le nom auquel il se rapporte ; on dirait de même : **molta, poca** ou **troppa astinenza** : *beaucoup*, *peu* ou *trop d'abstinence*.
14. ▲ traduction du mot français *envie* ; *j'ai envie de dormir* : **ho voglia di dormire** ; *l'envie est un vilain défaut* : **l'invidia è un brutto vizio.**

Di quando in quando[1] tossicchiando, però cammina. La sua portentosa sagoma fa voltare qualche[2] passante, mi accorgo[3] che lei se ne compiace.

Cammina. Come schiaccio l'acceleratore, il suo fiato si gonfia elastico e possente, come ai bei[4] tempi. Ma appena incappo nelle rotaie del tram, fa un improvviso brutto scarto.

« Scusami[5] sai » dice. « Lo so : il mio solito viziettto. »

« Non sarà colpa[6] delle gomme ? » dico io. « Devono essere ormai lisce[7]. »

Ma lei è inglese e ci tiene alla lealtà : « Non è colpa delle gomme. Le gomme sono in ordine[8]. È proprio un mio difetto. Ci starò più attenta[9] la prossima volta. »

È una giornata che alle automobili mette addosso[10] la *joie de vivre*. Il venerando marcangegno[11], pur intorpidito dalla stasi[12], si ritrova vivo e vigoroso.

« Caspita » non posso fare a meno[13] di dire. « Sei in vena, oggi. »

Lei finge[14] di non raccogliere e mi chiede : « Si può sapere dove andiamo ? »

« Da un meccanico, te l'ho detto. Da un meccanico bravissimo. »

« Perché allora mi avevi detto che era un giretto di prova ? »

« Un giretto di prova » confermo stupidamente « prima di andare dal meccanico. »

---

1. syn. : **di tanto in tanto, ogni tanto.**
2. l'adj. indéfini **qualche** est toujours au sing. et entraîne au sing. le reste de la phrase : **c'era ancora qualche macchina nel garage** : *il y avait encore quelques voitures dans le garage.*
3. prés. ind. de **accorgere, accorsi, accorto**.
4. pluriel de **bel tempo** ; l'adj. **bello** suit la même règle que l'article : **il bel ragazzo→i bei ragazzi** : *le(s) beau(x) garçon(s)* ; **il bello spettacolo→i begli spettacoli** : *le(s) beau(x) spectacle(s)* ; **il bell'albero→i begli alberi** : *le(s) bel (beaux) arbre(s)* ; **la bella ragazza→le belle ragazze** : *la (les) belle(s) fille(s)* ; **la bell'azione→le belle azioni** : *la (les) belle(s) action(s)* ; **questo albero è bello** : *cet arbre est beau* ; **questi alberi sono belli** : *ces arbres sont beaux.*
5. enclise du pron. pers. à l'impératif.
6. cf. les expressions **è colpa mia, è colpa tua, è colpa sua,** etc. : *c'est ma faute, ta faute, sa faute,* etc.

En toussotant de temps à autre, elle marche malgré tout. Sa prodigieuse silhouette fait se retourner quelques passants, je m'aperçois qu'elle s'en réjouit.

Elle marche. Lorsque j'écrase l'accélérateur, son souffle s'élargit, élastique et puissant, comme au bon vieux temps. Mais dès que je tombe sur les rails du tramway, elle fait brusquement un fâcheux écart.

— Oh ! excuse-moi, dit-elle. Je sais, mon petit défaut habituel.

— Ne serait-ce pas la faute des pneus ? dis-je. Maintenant, ils doivent être lisses.

Mais elle est anglaise et tient à la loyauté :

— Ce n'est pas la faute des pneus. Les pneus sont bien. C'est vraiment un de mes défauts. J'y ferai davantage attention, la prochaine fois.

C'est une journée qui donne aux voitures la joie de vivre. Le vénérable engin, bien qu'engourdi par le manque de mouvement, se retrouve vivant et vigoureux.

— Diable ! ne puis-je m'empêcher de dire. Tu es en forme aujourd'hui.

Elle fait semblant de ne pas relever et me demande :

— Peut-on savoir où nous allons ?

— Chez un mécanicien, je te l'ai dit. Chez un excellent mécanicien.

— Alors, pourquoi m'avais-tu dit que c'était un petit tour d'essai ?

— Un petit tour d'essai, confirmé-je stupidement, avant d'aller chez le mécanicien.

---

7. plur. de **liscia** : le **i** n'est pas accentué et la finale **-cia** est précédée d'une consonne.
8. l'expression **essere in ordine** se dit aussi des personnes ; **così, ho i capelli in ordine** : *comme cela, je suis bien coiffée ?* **sono in ordine ?** : *est-ce que je suis bien ?*
9. ▲ italianisme ; **stare attento** : *faire attention.*
10. cf., autre expression, **mi mette addosso una voglia matta di vivere** : *cela me donne une envie folle de vivre.*
11. mot composé de **marca** : *marque* et **congegno** : *engin.*
12. subst. inv. comme tous les subst. terminés par -i au sing.
13. ▲ italianisme à retenir ; **non può fare a meno di fumare** : *il ne peut s'empêcher de fumer.*
14. prés. ind. de **fingere, finsi, finto**.

Distratto[1], non mi ricordo di passare dalla[2] quarta alla terza quando comincia la salita del Dossetto. Eppure la Mustag-Morrison, anziché offendersi, mi vuol dare una lezione : in quarta, arranca su per il pendio come se niente fosse, senza ansimare, senza battere in testa, senza il minimo segno di fatica.

Me ne accorgo[3] che sono quasi in cima.

« Complimenti » le dico. « Oggi sembri una ragazzina. »

Come finalmente passo alla terza, lei fa il suo noto risolino[4], pieno di dignità. Le mie parole l'hanno lusingata. Da[5] come va, da come respira, da come rugna[6] dolcemente, da come balza in avanti nei sorpassi, capisco che è felice. Eppure questo è l'ultimo suo viaggio, eppure io sto menandola[7] al macello[8].

Cammina come ai suoi bei tempi, ahimè lontani. È una finta, lo so, è uno sforzo atroce a cui si sottomette per mascherare la realtà, per persuadermi[9] che è sempre in gamba[10], che gli anni per lei non sono passati, che può fare ancora cento volte il giro del mondo senza perdere un colpo. Quasi che[11] abbia indovinato le mie intenzioni, e tenti, con questa assurda commedia, di meritarsi la grazia.

E invece è vecchia, lo so. È un rudere. Basterebbe una ventina di chilometri per vederla afflosciarsi, e gemere, e incespicare, e rivelare il suo sfacelo. Questo mi dico, cercando giustificazione al mio schifoso[12] tradimento.

---

1. p. p. irrég. de **distrarre, distrassi, distratto**.
2. **da** (contracté avec l'article **la**) marque ici le point de départ. Rappelons, à ce sujet, les 7 prépositions qui se contractent avec l'article : **a** : *à*, **di** : *de* (introduisant un compl. de nom), **da** : sens principaux : *de* (marquant le point de départ dans le temps ou dans l'espace), **in** : *dans*, **su** : *sur* et **con** : *avec* (pour certaines formes).
3. prés. ind. de **accorgersi, accorsi, accorto**.
4. dim. avec le suff. **-olino** (peu courant). Cf. **il cagnolino**.
5. m. à m. **da** a ici le sens de *d'après*.
6. **rugnare :** dialectal ; en italien, on emploierait **brontolare** ou **borbottare** : *grogner, bougonner*.

Distrait, je ne me rappelle pas de passer de quatrième en troisième quand commence la montée du Dossetto. Et pourtant, la Mustag-Morrison, au lieu de se fâcher, veut me donner une leçon : en quatrième, elle gravit péniblement la pente, comme si de rien n'était, sans haleter, sans que le moteur cogne, sans le moindre signe de fatigue.

Je m'en aperçois, que je suis presque en haut.

— Mes compliments, lui dis-je. Aujourd'hui, tu as l'air d'une gamine.

Quand je passe finalement en troisième, elle fait son petit rire bien connu, plein de dignité. Mes paroles l'ont flattée. À la façon dont elle marche, dont elle respire, dont elle grogne doucement, dont elle bondit dans les dépassements, je comprends qu'elle est heureuse. Et pourtant c'est son dernier voyage, et pourtant je suis en train de la conduire à l'abattoir.

Elle marche comme au bon vieux temps, hélas lointain. C'est une feinte, je le sais, c'est un effort atroce auquel elle se soumet pour masquer la réalité, pour me persuader qu'elle est toujours en forme, que les années, pour elle, n'ont pas passé, qu'elle peut encore faire cent fois le tour du monde sans faire de ratés. Comme si elle avait deviné mes intentions et qu'elle tentait, par cette comédie absurde, de mériter sa grâce.

Et, au contraire, elle est vieille, je le sais. C'est une ruine. Il suffirait d'une vingtaine de kilomètres pour la voir s'affaisser et gémir et trébucher et révéler son état de délabrement. Voilà ce que je me dis en cherchant une justification à mon écœurante trahison.

---

7. forme progressive : emploi de **stare** avec le gérondif et enclise du pron. pers. avec le gérondif. **Sta parlandomi** : *il est en train de me parler.*
8. cf. les expr. : **è un macello** ! : *c'est un désastre* ; **che macello** ! : *quelle catastrophe !*
9. enclise avec l'infinitif.
10. syn. **essere intelligente, bravo e serio** : *être intelligent, gentil et sérieux.*
11. **quasi che** est toujours suivi du subj.
12. cf. l'expr. familière : **che schifo** ! : *c'est dégoûtant !*

All'improvviso[1] lei : « Ti ricordi[2] il viaggio in Spagna quando abbiamo fatto milleseicento[3] chilometri di fila ? »

« Sicuro che me lo ricordo. Ma che cosa c'entra[4] ? » (Strano ; è la prima volta che si lascia andare alle nostalgie.)

« Niente » fa lei. « E ti ricordi[2] quella bellissima volata da Parigi a Milano per tornare dalla tua ragazza ? Credere[5] o no, una media di centocinque e passa. Ricordi[2] ? »

Io taccio. Ecco il largo Cineriano, se Dio vuole, ecco lo stabilimento. Entro[6] nel cortile, mi fermo[7] davanti all'officina. Ai lati, lungo il muro di cinta, cumuli orrendi di carcasse. Entro[8] domani, anche la Mustag-Morrison sarà ridotta[9] in brandelli così.

« Siamo arrivati » dico.

« Siamo arrivati ? »

« Già[10]. »

« Ma questa... » fa lei « ... Questa[11] non è... non è una officina da riparazioni. »

Spengo[12] il motore, che[13] non possa più parlare. Scendo[14], entro a piedi nell'officina, chiedo informazioni. Sembrano già informati. « La porti[15] pure dentro » mi dice un ometto[16] segaligno che deve essere il capo.

Risalgo[17] in macchina, riaccendo[18]. E lei subito : « Tu... tu mi vuoi fare questo ? »

Lo dice[19] con un accento disperato e tremulo che non le ho mai sentito. Non ho il coraggio di rispondere. Appena entrato nel capannone, spengo immediatamente il motore per non udire più la terribile voce.

---

1. syn. : **ad un tratto**.
2. ce verbe s'emploie indifféremment à la forme pronominale ou à la forme simple : **mi ricordo quella bella gita = ricordo quella bella gita** : *je me souviens de cette belle excursion.*
3. on trouve très souvent les milliers écrits avec les centaines : **diecimilacinquecento lire** : *dix mille cinq cents lires.*
4. ▲ italianisme à retenir.
5. style parlé ; valeur de subj.
6. v. **entrare.** ▲ à l'orthographe.
7. ▲ **fermarsi :** *s'arrêter* ; **chiudere, chiusi, chiuso** : *fermer.*
8. **entro :** littéralement *avant la fin de* ; **entro un mese** : *dans un mois.*
9. p. p. irrég. de **ridurre, ridussi, ridotto**.
10. dans un dialogue, Già vient en réponse ; « **Domani sei in ferie. — Già.** » : *Demain, tu es en vacances. — En effet.*

Et elle, soudain :

— Tu te souviens du voyage en Espagne, quand nous avons fait mille six cents kilomètres d'affilée ?

— Bien sûr que je m'en souviens. Mais quel rapport ? (Étrange, c'est la première fois qu'elle se laisse aller à la nostalgie.)

— Aucun, dit-elle. Et tu te souviens de cette merveilleuse envolée de Paris à Milan pour revenir auprès de ta petite amie ? Qu'on le croie ou non, une moyenne de cent cinq et plus. Tu te souviens ?

Je me tais. Voilà la place Cineriano, Dieu merci, voilà l'entreprise en question. J'entre dans la cour, je m'arrête devant l'atelier. Sur les côtés, le long du mur d'enceinte, d'horribles tas de carcasses. D'ici demain, la Mustag-Morrison sera mise en pièces de la même façon.

— Nous sommes arrivés, dis-je.

— Nous sommes arrivés ?

— Oui.

— Mais ça... dit-elle. Ça n'est pas... Ça n'est pas un atelier de réparations.

J'éteins le moteur pour qu'elle ne puisse plus parler. Je descends, j'entre à pied dans l'atelier, je demande des renseignements. Ils semblent déjà au courant.

— Amenez-la donc à l'intérieur, me dit un petit homme sec qui doit être le chef.

Je remonte en voiture, je remets le contact. Et elle, tout de suite :

— Tu... tu veux me faire ça ?

Elle le dit avec un accent désespéré et tremblant que je ne lui ai jamais entendu. Je n'ai pas le courage de répondre. Dès que je suis entré dans le hangar, j'éteins immédiatement le moteur pour ne plus entendre la terrible voix.

---

11. le démonstratif s'accorde en genre et en nombre avec le subst. auquel il se rapporte. **Questa è una bella casa** : *c'est une belle maison.*
12. prés. ind. de **spegnere** ou **spengere, spensi, spento**.
13. **che** marque le but et est donc suivi du subj.
14. prés. ind. de **scendere, scesi, sceso**.
15. 3e personne du subj. présent, rend l'impératif de politesse.
16. dim. à connotation sympathique.
17. prés. ind. irrég. de **risalire** (risalgo, risali, risale, risaliamo, risalite, risalgono).
18. prés. ind. de **riaccendere, riaccesi, riacceso**.
19. prés. ind. irrég. de **dire, dissi, detto** (dico, dici, dice, diciamo, dite, dicono).

« Benissimo, signore » fa il capo operaio. « Vuole che la[1] faccia riaccompagnare in centro[2] ? »

A motore immobile, la moribonda Mustag-Morrison non può parlare più, non può più protestare, né supplicare, né piangere[3]. Ma sulla sua faccia leggo l'espressione orribile di chi[4], senza preavviso né motivo, si è sentito condannare a morte.

« No... no » balbetto al capo operaio. « Non ce n'è bisogno. Grazie. Guardi, non se ne fa più niente[5]... Sono venuto qui appunto per avvertire che non se ne fa più niente. »

Risalgo in macchina. Rimetto in moto. Retromarcia. Fuori, nel sole. Fuori dallo scannatoio[6]. Via[7] di nuovo per le libere strade.

Lei galoppa, obbediente come un soldatino, fa tutto ciò che voglio, perfino con un piccolo anticipo sulle mie intenzioni, accelerare, frenare, voltare a destra, voltare a sinistra, riprendere, scartare, scattare[8]. È incredibile, è meraviglioso, è una nuova giovinezza.

Anziché tornare in centro, siamo usciti dalla città, ora voliamo sui rettilinei che portano ai miraggi[9] lontani. Centodieci, centoventi, centotrenta, centoquaranta, è una locomotiva scatenata[10], è un bisonte alla carica, è il campione del mondo.

Ma all'improvviso qualcosa di macabro succede[11] nell'interno, una serie indecifrabile di schianti[12], di percussioni, di scrosci[13], di intoppamenti, di tonfi[14]. Ha perso il fiato, ha perso la forza, ha perso[15] la vita.

---

1. pron. pers. fém. compl. d'objet direct de la personne de politesse représentant **Vostra Signoria**.
2. expr. toute faite. Cf. **a casa** : *à la maison* ; **in chiesa** : *à l'église* ; **in campagna** : *à la campagne* ; **in montagna** : *à la montagne* ; mais **a teatro** : *au théâtre*.
3. **piangere, piansi, pianto**.
4. **chi** : *celui qui*, *celle qui* (ne s'emploie que pour représenter des personnes, mais la vieille voiture est clairement personnalisée depuis le début). Autres sens : **chi... chi** : *l'un... l'autre* et **chi ?** : *qui ?*
5. italianisme ; m. à m. *on n'en fait plus rien*.
6. cf. **scannare** : *égorger*.
7. adv., indique un mouvement de départ ; se rencontre particulièrement dans l'expression **andare via** : *s'en aller*.
8. cf. **una macchina scattante** : *une voiture nerveuse*.

— Très bien, monsieur, dit le chef d'atelier. Voulez-vous que je vous fasse raccompagner dans le centre ?

Le moteur immobile, la moribonde Mustag-Morrison ne peut plus parler, elle ne peut plus protester, ni supplier, ni pleurer. Mais je lis sur son visage l'expression horrible de celui qui, sans préavis ni raison, s'est entendu condamner à mort.

— Non, non, balbutié-je au chef d'atelier. Ce n'est pas nécessaire. Merci. Écoutez, on ne fait plus rien... Je suis venu ici justement pour vous dire que, finalement, on ne fait plus rien.

Je remonte en voiture. Je remets en marche. Marche arrière. Dehors, au soleil. Hors de l'abattoir. Nous voilà de nouveau partis sur les routes dégagées.

Elle galope, obéissante comme un petit soldat, elle fait tout ce que je veux, elle anticipe même un peu sur mes intentions, accélérer, freiner, tourner à droite, tourner à gauche, reprendre, faire un écart, bondir. C'est incroyable, c'est merveilleux, c'est une nouvelle jeunesse.

Au lieu de retourner dans le centre, nous sommes sortis de la ville, maintenant, nous volons sur les lignes droites qui mènent vers des mirages lointains. Cent dix, cent vingt, cent trente, cent quarante, c'est une locomotive déchaînée, c'est un bison qui charge, c'est la championne du monde.

Mais soudain, il se passe quelque chose de macabre à l'intérieur, une suite indéchiffrable d'éclatements, de percussions, de grondements, d'achoppements, de bruits sourds. Elle a perdu son souffle, elle a perdu sa force, elle a perdu la vie.

---

9. sing. **miraggio** : le i n'étant pas accentué au sing., il tombe au pluriel : **lo studio**, plur. **gli studi** ; lorsque le **i** est accentué, il se maintient au plur. : **il brusío → brusíi** : *le(s) bourdonnement(s).*

10. vient de **catena** : *la chaîne* ; **incatenare** : *enchaîner.* **I prigionieri sono incatenati** : *les prisonniers sont enchaînés* ; **la folla si scatena** : *la foule se déchaîne.*

11. prés. ind. de **succedere, successi, successo**.

12. cf. **lo schianto di un albero** : *le fracas d'un arbre qui casse.*

13. cf. **lo scroscio dell'acqua** : *le crépitement de la pluie.*

14. **il tonfo** : *bruit sourd,* sorte d'onomatopée ; **il tonfo della rana** : *le plouf de la grenouille.*

15. p. p. irrég. de **perdere, persi, perso**.

Impetuosamente rallenta, ondeggia[1], si è fermata. Eppure il motore, rantolando[2], ancora va.

« Non ce la faccio più[3] » dice. « Avevi ragione. Perdonami. »

Adagio adagio[4], a sussulti pietosi, la strada verso casa.

Adesso è ancora là nella rimessa, sotto il telone, che dorme. Ogni tanto la scopro, la guardo, non ho il coraggio di mettere in moto per non sentire la voce.

Quelli del garage dicono : « Ma perché non se ne sbarazza, signore, visto che non l'adopera mai ? Perché continua a pagare il posteggio ? Qualcosa può sempre cavarne, se non altro[5] a peso di rottame. »

Io rispondo : « Sì, sì, ci penserò. »

Intanto passano i mesi, il bollo è scaduto da un pezzo[6], passano gli anni, sul telone si deposita la polvere. La mattina, quando entro in garage a prendere la mia cinquecento, i meccanici mi guardano in un certo modo, quasi[7] fossi pazzo o scemo. Ma loro come possono[8] capire ?

---

1. m. à m. *balancer, flotter.*
2. cf. **il rantolo del moribondo** : *le râle du moribond.*
3. ▲ italianisme à retenir ; s'emploie également avec un infinitif complément : **non ce la faccio a capire** : *je n'arrive pas à comprendre.* **Ce l'ho fatta !** : *j'y suis arrivé !*
4. le redoublement de l'adj. équivaut à un superlatif.
5. syn. : **per lo meno, almeno.**
6. m. à m. *depuis un (bon) bout (de temps).* **È un pezzo che lo aspetto** : *je l'attends depuis un bon moment.*

Impétueusement, elle ralentit, elle hésite, elle s'est arrêtée. Et pourtant, le moteur, en râlant, marche encore.

— Je n'y arrive plus, dit-elle. Tu avais raison. Pardonne-moi.

Tout doucement, avec des sursauts pitoyables, elle reprend le chemin de la maison.

Maintenant, elle est encore là, dans la remise, sous la bâche, qui dort. De temps en temps, je la découvre, je la regarde, je n'ai pas le courage de la mettre en marche pour ne pas entendre sa voix.

Les gens du garage disent :

— Mais pourquoi ne vous en débarrassez-vous pas, monsieur, vu que vous ne l'utilisez jamais ? Pourquoi continuez-vous à payer le parking ? Vous pourriez toujours en retirer quelque chose, ne serait-ce qu'au poids de la ferraille.

Je réponds :

— Oui, oui, j'y penserai.

Pendant ce temps les mois passent, la vignette est périmée depuis longtemps, les années passent, la poussière se dépose sur la bâche. Le matin, quand j'entre dans le garage pour prendre ma « Cinquecento », les mécaniciens me regardent d'une certaine façon, comme si j'étais fou ou stupide. Mais eux, comment pourraient-ils comprendre ?

---

7. **come se** est toujours suivi du subj. imparfait.
8. prés. ind. de **potere**. Néanmoins, on préférera traduire par un conditionnel. Selon l'usage latin, qu'on retrouve dans le français classique, touchant les verbes exprimant la possibilité ou l'obligation (**potere** : *pouvoir*, **dovere** : *devoir*) l'indicatif remplace souvent le conditionnel. Ici, emploi logique de ce mode puisqu'il s'agit bien d'une possibilité réelle et non soumise à condition.

La farfalletta

Le petit papillon

L'onorevole[1] Aldo Smith, sottosegretario all'Ordine Pubblico, stava scrivendo[2] con fatica il discorso di risposta all'interpellanza dell'onorevole Fossambra (suo collega di partito !) il quale l'accusava di avere avuto la mano greve[3] nei riguardi dei « Cavalieri erranti », quando dalla finestra venne[4] un lievissimo fruscio.

Sempre coi nervi tesi[5] nell'evenienza di un attentato — le lettere anonime di minaccia[6] contro di lui formavano ormai[7] un pesante « dossier[8] » — egli levò fulmineo[9] gli occhi. E con sollievo vide una farfalletta[10] grigia[11] che, entrata attraverso i vetri socchiusi, non riusciva più a ritrovare la libertà, impigliatasi com'era nella tendina di mussola.

Colui[12] che nei moti di piazza veniva comunemente definito il « Grande Boia », dopo avere osservato a lungo[13] gli inutili sforzi della bestiola per trovare un varco[14], lasciò la penna, si alzò, portò una sedia sotto la finestra, montò[15] sulla sedia e, per mezzo di un lungo tiralinee, raggiunse la farfalletta, cercando di spingerla verso l'esterno. Mais l'animaletto[10], anziché agevolare[16] i suoi sforzi, si dibatteva spaventato, incuneandosi sempre più[17] tra le pieghe della tenda. Tanto che lo Smith, disilluso, rinunciò alla sua opera di bene.

---

1. titre donné aux députés et aux sénateurs ; s'écrit souvent en abrégé : **l'On. Moro.**
2. forme progressive à l'imparfait (**stare** suivi du gérondif).
3. litt. ; **pesante** est d'un emploi plus courant.
4. p. s. irrég. de **venire, venni, venuto** (venni, venisti,venne, venimmo, veniste, vennero).
5. p. p. irrég. de **tendere, tesi, teso**.
6. plur. **minacce** : le i n'est pas accentué au sing. et la finale **-cia** est précédée d'une consonne. Cf. **caccia→cacce** : *chasse(s).*
7. m. à m. *désormais*, d'où : *maintenant.*
8. le mot français est très employé ; en italien : **la pratica.**
9. cf. **il fulmine** : *la foudre*; **fulminare** : *foudroyer.* **Mi ha fulminato con lo sguardo** : *il m'a foudroyé du regard.*
10. dim. en **-etto** de farfalla : *papillon.*

Le député Aldo Smith, sous-secrétaire à l'Ordre Public, était en train d'écrire péniblement son discours en réponse à l'interpellation du député Fossambra (un collègue du parti !) qui l'accusait d'avoir eu la main lourde à l'égard des « Chevaliers errants », lorsque, de la fenêtre, survint un très léger bruissement.

Les nerfs toujours tendus dans l'éventualité d'un attentat — les lettres anonymes de menaces contre lui formaient désormais un lourd dossier — avec la rapidité de l'éclair, il leva les yeux. Et avec soulagement il vit un petit papillon gris qui, entré par les fenêtres entrebâillées, n'arrivait plus à retrouver la liberté, empêtré comme il l'était dans le rideau de mousseline.

Celui qu'on appelait communément, dans les mouvements de rue, le « Grand Bourreau », après avoir longuement observé les efforts inutiles de la bestiole pour trouver un passage, laissa tomber sa plume, se leva, apporta une chaise sous la fenêtre, monta sur la chaise, et à l'aide d'un long tire-ligne, atteignit le petit papillon, en essayant de le pousser vers l'extérieur. Mais le petit animal, au lieu de faciliter ses efforts, se débattait, effrayé, en s'enfonçant de plus en plus dans les plis du rideau. Tant et si bien que Smith, déçu, renonça à son œuvre de charité.

---

11. plur. **grigie** : le **i** n'est pas accentué au sing. et la finale **-gia** est précédée d'une voyelle. Cf. **audacia→audacie** : *audace(s).*

12. le pron. démonstratif **colui** renvoie toujours à une personne ; fém. **colei** ; plur. **coloro.**

13. **a lungo :** *longuement.*

14. cf. l'expr. **lo aspetto al varco** : *je l'attends au passage.*

15. **montare** est peu usité, sauf dans l'expression **montare a cavallo** : *monter à cheval.* On emploie la plupart du temps le verbe **salire.**

16. cf. **agevole** : *facile* ; le subst. **agevolazione** (fém.) s'emploie plutôt dans la langue économique : **le agevolazioni di credito** : *les facilités de crédit.*

17. **sempre più :** *de plus en plus* ≠ **sempre meno** : *de moins en moins.*

« Farfallina[1], farfallina », disse « c'è chi[2] ti vuol salvare ma tu non capisci. Solo che tu avessi[3] un briciolo del mio cervello, saresti già salva da un pezzo. » E si rimise al lavoro.

Calò la sera e lui non aveva ancora finito. Alle otto e mezza[4] l'usciere, essendo terminato l'orario, venne a prendere commiato. Della farfalletta non si avevano[5] più notizie. Doveva essersi imbucata tra le pieghe[6] della mussola, dove presumibilmente avrebbe concluso[7] le sue ore, o i suoi giorni. Nel grande palazzo ministeriale l'onorevole Smith rimase solo.

La stesura[8] del discorso procedeva a fatica. Non era agevole affrontare in Parlamento il tema dei « Cavalieri erranti ». Non si sapeva neppure con precisione chi fossero[9], a parte il fatto che si erano messi decisamente fuori legge. Esaltati ? Briganti da strada ? Rivoluzionari ? Maniaci[10] sanguinari ? Teppisti[11] drogati ? Adepti di una setta religiosa ? Intellettuali depravati ? Certo, lui Smith non si augurava[12] di incontrarli.

Suonò mezzanotte che lo spinoso discorso non era arrivato neppure a metà. L'onorevole però tenne duro[13]. Terminò la chiusa che dalla finestra entrava la prima balugine dell'alba. Crollava dal sonno. Mentre si alzava dalla scrivania, l'occhio fu attrato[14] da una piccola macchia chiara sulla *moquette* grigio topo. Si avvicinò. Era la farfalletta. Non dava più segni di vita. Amen.

Giù nel cortile, come Smith mise in moto la macchina, si accese il lumino rosso : la benzina era in riserva.

---

1. autre dim. en **-ina** de **farfalla**.
2. ▲ italisnisme ; expr. qui implique un clin d'œil vers l'autre. **C'è chi ti vuol bene** : *il y a quelqu'un qui t'aime bien.*
3. le subj. imparfait traduit ici un souhait.
4. on dit indifféremment **alle otto e mezzo** et **alle otto e mezza** (le mot **ore** est toujours sous-entendu dans l'expression de l'heure).
5. accord avec le sujet réel : **notizie**, au pluriel.
6. sing. **piega**.
7. concordance des temps : en italien, on emploie le conditionnel passé dans la subordonnée lorsque la principale est au passé.
8. cf. **stendere un discorso = scrivere (o vergare) un discorso** : *écrire un discours.*
9. subj. imparfait après une principale au passé exprimant le doute.

« Petit papillon, petit papillon », dit-il, « il y a quelqu'un qui veut te sauver la vie, mais toi, tu ne comprends pas. Si seulement tu avais une bribe de mon cerveau, tu serais déjà sauvé depuis un bon moment. » Et il se remit à son travail.

Le soir tomba qu'il n'avait pas encore fini. A huit heures et demie l'huissier, son horaire terminé, vint prendre congé. Du petit papillon on n'avait plus de nouvelles. Il devait s'être fourré dans les plis de la mousseline où, probablement, il finirait ses heures ou ses jours. Dans le grand palais ministériel, le député Smith resta seul.

La rédaction de son discours avançait avec peine. Il n'était pas facile d'affronter au Parlement le sujet des « Chevaliers errants ». On ne savait même pas avec précision qui ils étaient, hormis le fait qu'ils s'étaient mis résolument hors la loi. Des exaltés ? Des brigands de grands chemins ? Des révolutionnaires ? Des maniaques sanguinaires ? Des voyous drogués ? Des adeptes d'une secte religieuse ? Des intellectuels dépravés ? Ce qui est sûr, c'est que lui, Smith, ne souhaitait pas les rencontrer.

Minuit sonna que l'épineux discours n'était même pas arrivé à la moitié. Le député tint bon cependant. Il termina sa péroraison alors que les premières lueurs de l'aube entraient par la fenêtre. Il tombait de sommeil. Tandis qu'il se levait de son bureau, son œil fut attiré par une petite tache claire sur la moquette gris souris. Il s'approcha. C'était le petit papillon. Il ne donnait plus signe de vie. Amen.

En bas, dans la cour, au moment où Smith mit sa voiture en marche, la petite lumière rouge s'alluma : il ne disposait plus que de la réserve d'essence.

---

10. sing. **maniaco**, accentué sur l'antépénultième (dans ce cas, le son dur n'est pas maintenu).
11. cf. **la teppa** : mot qui désigne *la pègre* des grandes villes, en particulier. Le nom vient d'une association de malfaiteurs qui exista, à Milan, de 1816 à 1821, qui s'appelait la Compagnia della Teppa, du nom de leur lieu de réunion, un pré couvert de mousse (**tépa**, en dialecte milanais).
12. **augurare** est transitif devant un substantif : **auguro un buon Natale a tutti** : *je souhaite un bon Noël à tous*, mais réfléchi lorsqu'il introduit une proposition : **mi auguro che tutto vada bene** : *je souhaite que tout aille bien*.
13. ▲ italianisme à retenir.
14. p. p. irrég. de **attrarre, attrassi, attratto**.

Sarebbe arrivato fino a casa ? Però che idea, costruire un Ministero all'estrema periferia, quasi[1] in campagna.

Accadde[2] ciò che temeva. Dopo neppure[3] un chilometro, e non era ancora entrato in città, il motore, dopo alcuni starnuti[4], si fermò[5]. Era ancora buio, non passavano camion, non passava anima viva, neppure pensarci[6] di trovare aperta a quell'ora una colonnetta di benzina.

Bestemmiando dentro di sé, discese[7] dall'auto e si incamminò a piedi. Era stanco morto, era nero[8]. Camminava, ciondolando, gli occhi fissi sull'asfalto.

All'improvviso due uomini, come sbucati[9] da sottoterra. Se li trovò dinanzi a[10] una dozzina di metri. Subito li riconobbe[11], per quella speciale pettinatura a cresta, come in certe tribù dell'Africa. Uno in maniche di camicia, l'altro con un giaccone[12] di pelle. Il primo, biondo, impugnava un coso ch'egli riconobbe con orrore : uno di quegli atroci rampini che servono ai macellai per sollevare i quarti di bue. Erano due « Cavalieri erranti ».

Lui si fermò, e fulmineamente fece il punto. A sinistra un canale, a destra un prato incolto[13] che terminava a un muro[14] di stabilimento[15]. Dietro, a cinquecento metri circa, la sua macchina ; ma a che cosa poteva servire ?

Anche i due erano fermi[16]. Tranquilli, scherzavano.

« Ma è magnifico ! Hai visto ? »

« Ho visto. »

« Sai chi è ? »

« Si direbbe, ma stento a crederci, che sia il Grande Boia in persona. »

---

1. rapprocher l'italien **quasi** du français *quasiment.*
2. p. s. irrég. de **accadere, accaddi, accaduto**.
3. syn. : **neanche**.
4. **lo starnuto :** *l'éternuement* ; starnutare : *éternuer.*
5. **▲ fermarsi :** *s'arrêter* ; chiudere : *fermer.*
6. tournure elliptique ; syn. : **non era neanche il caso di pensarci**.
7. p. s. irrég. de **discendere, -scesi, -sceso**.
8. m. à m. **nero (di rabbia) :** *noir de colère.*
9. **sbucare :** m. à m. **uscire dal buco** : *sortir du trou.*
10. ▲ syn. : **li trovò dinanzi a sé** ; italianisme fréquent : la préposition a comme complément un pron. pers. qui est, dans ce cas, rejeté avant le verbe et la préposition prend la forme d'un adverbe. **Si guarda attorno** = **guarda attorno a sé** : *il regarde autour de lui.*
11. p. p. irrég. de **riconoscere, riconobbi, riconosciuto**.

Est-ce qu'il arriverait jusque chez lui ? Mais quelle idée avait-on eue de construire un Ministère au fin fond de la banlieue, presque à la campagne.

Il arriva ce qu'il craignait. Il n'avait pas encore fait un kilomètre et il n'était pas encore entré dans la ville que le moteur, après quelques éternuements, s'arrêta. Il faisait encore nuit, il ne passait pas de camions, il ne passait pas âme qui vive ; quant à trouver ouvert, à cette heure-là un distributeur d'essence, il ne fallait même pas y penser.

Pestant en lui-même, il descendit de l'auto et continua sa route à pied. Il était mort de fatigue et d'une humeur noire. Il marchait en chancelant, les yeux fixés sur l'asphalte.

Soudain deux hommes, comme sortis de sous terre. Il les trouva devant lui à une douzaine de mètres. Tout de suite, il les reconnut en raison de cette coiffure spéciale en forme de crête, comme dans certaines tribus d'Afrique. L'un était en bras de chemise, l'autre portait un gros blouson de cuir. Le premier, blond, empoignait un objet qu'il reconnut avec horreur : un de ces crocs atroces qui servent aux bouchers pour soulever les quartiers de bœuf. C'étaient deux « Chevaliers errants ».

Il s'arrêta et fit le point en un éclair. A gauche, un canal, à droite, un terrain vague qui s'étendait jusqu'à un mur d'usine. Derrière, à cinq cents mètres environ, sa voiture. Mais à quoi pouvait-elle servir ?

Les deux garçons étaient arrêtés, eux aussi. Tranquilles, ils plaisantaient.

— Mais c'est magnifique ! Tu as vu ?

— J'ai vu.

— Tu sais qui c'est ?

— On dirait, mais j'ai de la peine à y croire, que c'est le Grand Bourreau en personne.

---

12. augmentatif, avec le suff. **-one** de **giacca** : *veste.*
13. m. à m. *non cultivé, en friche* ≠ **colto** : *cultivé* ; **la coltivazione del grano** : *la culture du blé.*
14. **muro** a deux pluriels : **i muri** et **le mura** ; **I muri di una stanza** : *les murs d'une pièce* (syn. **la parete, le pareti**) ; **le mura della città** : *les murs de la ville.*
15. **stabilimento** désigne un ensemble de bâtiments destinés à une activité industrielle ou à un service d'utilité publique. **Entrano nello stabilimento alle otto** : *ils entrent dans l'usine à huit heures* ; **lo stabilimento termale** : *l'établissement thermal.*
16. **fermo** marque un état ; **ora sto fermo !** : *maintenant, je ne bouge plus !* **Fermato** marque le résultat d'une action : **mi ha fermato per la strada** : *il m'a arrêté dans la rue.*

« Sarebbe troppo bello, vero ? »

« Sarebbe diabolicamente bello. »

« E, si fa per dire[1], se fosse[2] proprio lui, l'onorevole, che regaluccio[3] gli faresti ? Che omaggio potremmo escogitare ? »

« Io, se fosse[4] proprio l'onorevole Boia, gli farei un trattamento speciale, proprio un servizio di lusso... No, no, non muoverti[5], signorino[6], inutile correre, sta tranquillo che non ci scappi più. » E alzò l'orribile gancio ammonitore[7].

Smith si sentì perduto. Era chiaro che i due, in situazione così favorevole, lo avrebbero[8] come minimo scannato. Da chi, da dove avrebbe potuto sperare un aiuto ? I sentimenti turbinarono dentro di lui con violenza spaventosa[9].

In quel mentre, essendosi fatta l'alba, i radi lampioni si spensero[10]. Contro il cielo lattiginoso di periferia, mentre un'agonica desolazione lo sommergeva, vide ondeggiare un pipistrello. I due terribili tipi mossero verso di lui senza fretta. Il pipistrello si allontanava. « Ah, potessi[11] fare cambio[12] ! » pensò con tutte le forze dell'animo.

Si trovò librato in aria, svolazzante sopra una strada dove due giovani a lenti colpi pestavano selvaggiamente un uomo sui quaranta, smilzo, il quale emetteva atroci strida[13]. Non più uomo, non più sottosegretario, semplicemente pipistrello, ma salvo.

---

1. ▲ italianisme à retenir.
2. concordance des temps : la subordonnée qui commence par **se** est au subj. imp., car la principale est au conditionnel.
3. diminutif gracieux (**vezzeggiativo**) de regalo. Cf. **un animaluccio** : *un gentil petit animal.*
4. cf. note 2.
5. forme parlée et de plus en plus employée de l'impératif négatif 2e personne du singulier. On devrait dire : **non ti muovere** ! *ne bouge pas !*, mais on entend très souvent : **non muoverti** !
6. dim. de **signore** ; employé ici par dérision. Les employés de maison désignent de ce nom, il **signorino**, *le jeune homme* de la maison.
7. adj., vient du v. **ammonire (-isco)** : *avertir, reprendre avec autorité celui qui s'est trompé.* Subst. : **ammonimento** ; **ha ricevuto un severo ammonimento** : *il a reçu une sévère admonestation.*

— Ce serait trop beau, n'est-ce pas ?

— Ce serait diaboliquement beau.

— Et, façon de parler, si c'était vraiment lui, le député, quel joli cadeau lui ferais-tu ? Quel hommage pourrions-nous inventer ?

— Moi, si c'était vraiment le député Bourreau, je lui réserverais un traitement spécial, proprement un service de luxe... Non, non, ne bouge pas, mon petit monsieur, inutile de courir, sois tranquille, tu ne nous échapperas plus.

Et il leva l'horrible crochet en guise d'avertissement.

Smith se sentit perdu. Il était clair que les deux loubards, dans une situation aussi favorable, allaient, au minimum, l'égorger. De qui, d'où pouvait-il espérer un secours ? Les sentiments se mirent à tourbillonner dans sa tête avec une violence effrayante.

Sur ces entrefaites, l'aube étant venue, les rares réverbères s'éteignirent. Contre le ciel laiteux de la banlieue, tandis qu'il était envahi par une désolation mortelle, il vit se balancer une chauve-souris. Les deux types terribles s'avancèrent vers lui sans se presser. La chauve-souris s'éloignait : « Ah, si je pouvais prendre sa place ! » pensa-t-il avec toutes les forces de son esprit.

Il se trouva planant dans les airs, voltigeant au-dessus d'une route où deux jeunes gens rouaient de coups avec lenteur et sauvagerie un homme d'une quarantaine d'années, de taille élancée, qui poussait des cris atroces. Il n'était plus ni homme, ni sous-secrétaire, simplement chauve-souris, mais sain et sauf.

---

8. concordance des temps : la principale est au passé (imparfait) ; de ce fait, on emploie le conditionnel passé dans la subordonnée là où le français emploie le conditionnel présent.
9. cf. subst. **lo spavento ; mi sono preso uno spavento tremendo** : *j'ai eu une peur terrible*. V. **spaventare : quel rumore insolito ci ha spaventati** : *ce bruit insolite nous a effrayés*.
10. p. s. irrég. de **spegnere, spensi, spento**.
11. le subj. imparfait, même seul, rend une idée de souhait.
12. m. à m. *le changement*. N'oublions pas le sens commercial : **fare il cambio in banca** : *faire le change à la banque*.
13. **lo strido :** deux plur., **le strida degli uomini** : *les cris des hommes*, mais **gli stridi degli animali** : *les cris des animaux*.

Crescendo[1] la luce, si sentì pieno di sonno. C'era una cascina[2] laggiù. La raggiunse. Entrò sotto il tetto di un fienile, a testa in giù si appese a una trave. Tutt'intorno un coro di proteste.

« Chi sei ? Che vuoi ? » imprecavano altri pipistrelli.

« Qui è tutto completo. Qui siamo fin troppi. Sloggiare[3], sloggiare ! »

« Sono l'onorevole Smith », fece lui pronto « sottosegretario nel governo Bareggi. »

« Cosa ? Cosa ? Sottosegretario ? E che significa ? »

Era come parlare coi sordi. Se n'andò, arrancando penosamente nella luce che gli feriva la membrana degli occhi. Avvistò una grande ombra longilinea. Un campanile[4]. Si sistemò nella cella campanaria. Non c'era nessuno. Sfido[5] : con il fracasso delle campane, con quel viavai di spifferi. Oh, il suo comodo studio al Ministero, con la *moquette* grigio topo.

Dormì fino a sera. Col buio si sentì rianimato. Via, nell'aria, a caccia di zanzare e moscerini. Miope come tutti i pipistrelli, egli è riuscito[6] però a ritrovare l'edificio del Ministero. Ci gira intorno. Ma è tutto buio. Anche la terza finestra al primo piano, il suo ufficio.

Avrebbe una grande voglia[7] di entrare, ma i vetri sono accostati e lasciano appena uno stretto[8] spiraglio : sarebbe una dannata[9] imprudenza. Se al mattino lo sorprendessero[10] là dentro, per quanto onorevole, sarebbe finita[11] per lui. Allora gli torna alla mente la farfalletta.

---

1. sens causal du gérondif, en début de phrase, de proposition ; **sentendo uno strano rumore, si precipitò fuori** : *comme il entendit un bruit étrange, il se précipita dehors.*
2. *ferme*, avec étable et laiterie ; autres traductions du mot *ferme :* **fattoria, casa colonica.**
3. infinitif à valeur d'impératif.
4. cf. **la campana** : *la cloche* ; **il campanile** : édifice qui correspond au *clocher* français, mais qui est, en Italie, la plupart du temps, une construction distincte de l'église ; **il campanile di Firenze è stato edificato da Giotto** : *le campanile de Florence a été construit par Giotto* (1267-1337).
5. v. **sfidare :** *protéger, défendre.* L'expr. **sfido io !** : *pardi ! dame ! je comprends !* montre qu'un fait était évident. **Nonostante tutto, è venuto al nostro matrimonio. — Sfido io ! :** *malgré tout, il est venu à notre mariage. — Je pense bien !*

La lumière augmentant, il se sentit lourd de sommeil. Il y avait une ferme là-bas. Il l'atteignit. Il entra sous le toit d'une grange à foin ; la tête en bas, il se suspendit à une poutre. Tout autour de lui, ce fut un chœur de protestations.

— Qui es-tu ? Qu'est-ce que tu veux ? maugréaient d'autres chauves-souris.

— Ici, tout est complet. Ici, nous sommes même trop nombreuses. Décampe, décampe.

— Je suis le député Smith, dit-il rapidement, sous-secrétaire dans le gouvernement Bareggi.

— Quoi ? quoi ? Sous-secrétaire ? Qu'est-ce que cela veut dire ?

C'était comme un dialogue de sourds. Il s'en alla, en se traînant péniblement dans la lumière qui lui blessait la membrane des yeux. Il aperçut une grande ombre longiligne. Un clocher. Il s'installa dans la cage du clocher. Il n'y avait personne. Naturellement : avec le fracas des cloches, avec ce va-et-vient de vents coulis. Oh ! son confortable bureau au ministère, avec la moquette gris souris !

Il dormit jusqu'au soir. Avec l'obscurité, il se sentit réconforté. Il s'élança dans l'air, à la chasse aux moustiques et aux moucherons. Myope comme toutes les chauves-souris, il a tout de même réussi à retrouver le bâtiment du ministère. Il tourne tout autour. Mais tout est sombre. Même la troisième fenêtre, au premier étage, son bureau.

Il aurait bien envie d'entrer, mais les fenêtres sont entrouvertes et laissent à peine un étroit passage : ce serait une sacrée imprudence. Si, au matin, on le surprenait là, à l'intérieur, tout député qu'il est, c'en serait fait de lui. C'est alors qu'il se souvient du petit papillon.

---

6. ▲ le v. **riuscire** peut se construire avec deux auxiliaires ; **sono riuscito a capire** : *j'ai réussi à comprendre* ; **ho riuscito** : *j'ai réussi.*
7. ▲ *envie* a deux traductions, selon le sens du mot : *dans cette famille, l'envie domine les autres sentiments :* **in questa famiglia l'invidia domina gli altri sentimenti** ; *j'ai envie de me reposer un peu :* **ho voglia di riposarmi un po'**.
8. ≠ **largo**.
9. cf. **un freddo dannato** : *un sacré froid.* Notons que, dans une même situation, l'italien se réfère au monde infernal et le français emploie le langage liturgique.
10. concordance des temps : **se** est suivi du subj. imparfait car la principale est au conditionnel.
11. l'expression est au fém. car un mot fém. est sous-entendu **(la cosa, la vita :** *la chose, la vie***)**.

Ce ne sono al mattino, di farfalle, nei prati incolti intorno al Ministero. Si levano di buon'ora[1]. Tutto sta nel resistere[2] alla luce e al sonno. Smith resiste, è proprio l'ultimo pipistrello rimasto in giro[3]. I passeri lo guardano disorientati.

Finalmente. Una farfallina colore[4] isabella, la più adatta per mimetizzarsi sulla tenda. Si aggira[5] disordinatamente sopra i fiori[4] del prato. L'onorevole pipistrello si abbassa. « Ah, potessi fare cambio ! » implora. E se ne vola via, graziosissimo, con le sue alucce[6] di seta.

Adesso sì, piccolo com'è, può entrare impunemente nel suo ufficio, terza finestra a destra, primo piano.

Prima di[7] entrare, una sbirciatina[8]. Strano. Alla scrivania[9] c'è un uomo. Che mattiniero. Seduto, che scrive. Caspita, non ha mica perso[10] tempo, il caro collega Fossambra, a prendere il suo posto.

Entra con circospezione, si attacca in silenzio alla sommità della tendina, di là può dominare la scena. L'onorevole Fossambra non si è accorto[11] di nulla, come poteva accorgersene[12] ? Continua imperterrito a scrivere ; il suo primo discorso da[13] sottosegretario, è presumibile.

Ma ora il collega Smith gli farà[14] un bellissimo scherzo[15]. Lui, Smith, possiede, e l'ha collaudato[16] due volte, quel meraviglioso potere. Dirà ancora : « Ah, potessi fare cambio ! » E Fossambra diventerà farfalletta e lui Smith diventerà Fossambra, cioè sottosegretario come prima. Dopodiché, a scanso di guai[17], non resterà altro che far fuori[18] la bestiolina.

---

1. gallicisme ; syn. : **per tempo**.
2. ▲ italianisme : **stare in** + infinitif substantivé. **Tutto sta nell'avere pazienza** : *l'essentiel, c'est d'avoir de la patience.*
3. syn. : **intorno** ; **andare in giro** : *se promener* ; **fare un giro** : *faire un tour.*
4. subst. masc. ; cf. **il fiore** : *la fleur.*
5. **aggirarsi** = andare attorno (voir note 3). **Si aggira sempre per il centro storico** : *il flâne toujours dans le centre historique.*
6. dim. gracieux (suff. **-uccio**) de **l'ala, le ali. La boccuccia del bambino** : *la petite bouche de l'enfant.*
7. ▲ *avant de* se traduit toujours par **prima di**.
8. dim. de **sbirciata** : *coup d'œil* ; **sbirciare le vetrine** : *lorgner les vitrines.*
9. trois mots pour traduire le français *bureau* : **la scrivania** : la

Il y en a au matin, des papillons, dans les terrains vagues autour du ministère. Ils se lèvent de bonne heure. Le tout est de résister à la lumière et au sommeil. Smith résiste, c'est vraiment la dernière chauve-souris restée aux alentours. Les moineaux la regardent, déconcertés.

Enfin ! Un petit papillon couleur isabelle, la plus adaptée pour se camoufler sur le rideau. Il flâne de façon désordonnée sur les fleurs du pré. Le député-chauve-souris descend. « Ah, si je pouvais prendre sa place ! » implore-t-il. Et il s'envole, tout gracieux, avec ses jolies petites ailes de soie.

Maintenant, oui, petit comme il l'est, il peut entrer impunément dans son bureau, troisième fenêtre à droite, premier étage.

Avant d'entrer, un petit coup d'œil. Curieux ! Au bureau, il y a un homme. Comme il est matinal ! Assis, il écrit. Diable, il n'a pas perdu de temps, le cher collègue Fossambra, pour prendre sa place !

Il entre avec circonspection, s'accroche en silence en haut du rideau ; de là, il peut dominer la scène. Le député Fossambra ne s'est aperçu de rien. Comment aurait-il pu s'en apercevoir ? Il continue, imperturbable, à écrire. Son premier discours de sous-secrétaire, vraisemblablement.

Mais maintenant son collègue Smith va lui jouer un bon tour. Lui, Smith possède, et il l'a vérifié par deux fois, ce merveilleux pouvoir. Il dira encore : « Ah, si je pouvais prendre sa place ! » Et Fossambra deviendra un petit papillon et lui, Smith, deviendra Fossambra, c'est-à-dire sous-secrétaire comme auparavant. Après quoi, pour éviter tout ennui, il n'y aura plus qu'à tuer la petite bestiole.

---

table sur laquelle on écrit ; **l'ufficio** : le lieu de travail ; **lo studio** : la pièce où l'on travaille chez soi.

10. p. p. irrég. de **perdere, persi, perso** ou **perduto**.
11. p. p. irrég. de **accorgersi, accorsi, accorto**.
12. double enclise des pron. pers. à l'infinitif.
13. **da** marque ici la caractéristique.
14. le futur proche est souvent rendu par le simple futur.
15. m. à m. *plaisanterie* ; **scherzare** : *plaisanter*.
16. cf. **collaudare una macchina** : *vérifier une voiture* ; **il collaudo del motore** : *l'essai du moteur*.
17. autre expr. : **a scanso di equivoci** : *pour éviter toute équivoque* ; **scansare un pericolo, una difficoltà** : *éviter un danger, une difficulté*.
18. syn. : **uccidere, ammazzare**.

Ma perché subito[1] ? Meglio che sia[2] Fossambra, a lavorare fino a sera. Tanto più che lui, Smith, ha un sonno da morire, tutto il sonno arretrato di pipistrello. Perciò si insinua in una piegolina[3] della tenda, le ali ben retratte[4] a ombrello, placidamente si addormenta.

Non ha quasi fatto in tempo a[5] chiudere gli occhi, che l'onorevole Fossambra si alza furtivamente, impugnando[6] nella sinistra la riga da[7] disegno, in punta di piedi porta una sedia alla finestra, sale[8] sulla sedia, prende la mira[9], vibra col tiralinee una pacca[10] energica sulla farfalletta la quale piomba giù, morta, sulla *moquette*[11] grigio topo, senza neppure[12] un sospiro.

---

1. ▲ *tout de suite*; *subitement* se traduit par **all'improvviso**. Notons aussi que **sub*i*to**, accentué sur l'avant-dernière syllabe est le p. p. du verbe **subire** : *subir*.
2. subj. après un comparatif.
3. dim. de piega.
4. p. p. irrég. de **retrarre, retrassi, retratto**.
5. ▲ **fare in tempo a** + infinitif : italianisme à retenir. **Ha appena fatto in tempo a nascondere i regali di Natale, arrivavano i bambini** : *il a tout juste eu le temps de cacher les cadeaux de Noël, les enfants arrivaient.*
6. v. **impugnare ; il pugno** : *le poing.*
7. **da** marque ici l'usage ; **lo spazzolino da denti** : *la brosse à dents.*

Mais pourquoi tout de suite ? Il vaut mieux que ce soit Fossambra qui travaille jusqu'au soir. D'autant plus que lui, Smith, meurt de sommeil, de tout son sommeil en retard de chauve-souris. C'est pourquoi il se glisse dans un pli du rideau, les ailes bien rétractées, en forme d'ombrelle et, placidement, il s'endort.

A peine a-t-il eu le temps de fermer les yeux que le député Fossambra se lève furtivement, saisit dans sa main gauche la règle à dessin ; sur la pointe des pieds, il apporte une chaise à la fenêtre, il monte sur la chaise, il vise, il assène avec son tire-ligne un coup énergique au petit papillon qui tombe, mort, sur la moquette gris souris, sans même pousser un soupir.

---

8. prés. ind. irrég. de **salire** (**salgo, sali, sale, saliamo, salite, salgono**).
9. **la mira :** *la mire* ; **avere delle alte mire :** *avoir de hautes visées* ; **mirare :** *viser* ; **mirare alle più alte cariche :** *viser aux plus hautes fonctions.*
10. plur. **pacche** ; **una pacca sulle spalle :** *une tape dans le dos.*
11. ce mot français s'emploie couramment en Italie. **La moquette** ou **il parquet** y sont considérés plus chics que le marbre.
12. syn. : **neanche.**

Tre storie del Veneto

Trois histoires de Vénétie

Un amico da Vicenza[1] che da molti anni ha lasciato la sua città mi ha raccontato tre storie curiose. (Nomi di persone e luoghi[2] qui sono cambiati.)

La torre

Ben di raro ormai raccontava, io càpito[3] nella mia città dove non abbiamo più casa. Quando ci vado, sono ospite di una lontana cugina zitella che abita, sola, in un antico malinconico palazzo[4] dalle parti di Mure Pallamaio[5].

Questo palazzo ha un'ala interna che dà sul giardino, dove a memoria d'uomo nessuno[6] ha mai abitato, neppure nelle lontane stagioni felici. Chissà perché viene chiamata la Torre.

Ora è leggenda familiare che in quelle stanze deserte si aggiri nottetempo[7] un fantasma : una certa mitica contessa Diomira morta in epoca remota dopo una vita di peccati.

Bene, l'ultima volta, tre anni fa[8], forse ero anche un po'bevuto[9], fatto è che mi sentivo in forma e ho chiesto a Emilia di farmi dormire in una delle camere stregate.

Lei a ridere : « Cosa ti salta in mente ? » « Da ragazzo » dico io « non mi sarei certo fidato, ma con l'età certe paure scompaiono.

---

1. **Vicenza :** ville de Vénétie, célèbre par sa basilique, construite par Palladio, les palais Da Schio et Chiericati et son théâtre, dit « olympique » : la scène est surélevée et insérée dans une architecture scénique de type romain, avec des perspectives peintes qui donnent l'impression que le regard se perd à l'infini ; les spectateurs sont installés en hémicycle.
2. plur. de **luogo**.
3. v. **capitare :** *arriver, tomber.* A ne pas confondre avec le p. p. de **capire** : *comprendre* ; le p. p. de **capitare** est **capitato**. **Che cosa ti è capitato ?** : *qu'est-ce qui t'est arrivé ?*
4. **palazzo :** *palais, hôtel particulier* ou *immeuble* à plusieurs étages.
5. les noms de lieux ont effectivement été changés, car s'il existe bien un village dénommé Mure, en Vénétie, il ne semble pas qu'il y ait de Mure Pallamaio.

Un ami de Vicence, qui a quitté sa ville depuis plusieurs années, m'a raconté trois histoires curieuses. (Les noms des personnes et des lieux ont été changés.)

La tour

Il est bien rare maintenant, racontait-il, que je débarque dans ma ville où nous n'avons plus de maison. Quand j'y vais, je suis l'hôte d'une lointaine cousine célibataire qui habite, seule, dans un antique et mélancolique hôtel particulier, du côté de Mure Pallamaio.

Cet hôtel a une aile intérieure qui donne sur le jardin où, de mémoire d'homme, personne n'a jamais habité, pas même dans les heureuses saisons d'autrefois. Dieu sait pourquoi on l'appelle la Tour.

Or, c'est une légende familiale que, dans ces pièces désertes, un fantôme rôde de nuit : une certaine comtesse mythique, nommée Diomira, morte à une époque reculée, après une vie passée dans le péché.

Eh bien, la dernière fois, il y a trois ans, j'avais peut-être un peu bu. Toujours est-il que je me sentais en forme et que j'ai demandé à Emilia de me faire dormir dans une de ces chambres hantées.

Elle se mit à rire :

— Qu'est-ce qui te prend ?

— Quand j'étais gosse, dis-je, je ne m'y serais certainement pas fié, mais avec l'âge, certaines peurs disparaissent.

---

6. le pron. indéfini négatif placé avant le verbe suffit à exprimer la négation ; l'autre construction possible est **non ha mai abitato nessuno**.
7. locution adverbiale ; m. à m. *à la faveur de la nuit*.
8. traduction de *il y a* dans le sens temporel. *J'ai commencé à étudier l'italien, il y a trois ans* (action située dans le passé) : **ho cominciato a studiare l'italiano tre anni fa**. *J'étudie l'italien depuis trois ans* (action qui dure) : **studio l'italiano da tre anni**.
9. style parlé = **avevo un po' bevuto**.

È un capriccio, se vuoi, ma accontentami[1], ti prego. Solo mi dispiace del disturbo[2]. »

« Se è per questo », lei risponde « nessun disturbo. Ce ne sono quattro, nella Torre, di[3] camere da letto e fin dai tempi dei miei bisnonni[4], sono sempre tenute in ordine coi letti fatti e tutto quanto[5] ; unico inconveniente sarà un po' di polvere. »

Lei no e io sì, lei no e io sì, alla fine Emilia si decide : « Fa come vuoi, che Dio ti benedica. » E lei stessa mi accompagna laggiù, al lume di candele, perché nella Torre non è mai stata messa la luce[6].

Era una grande stanza con mobili impero e qualche[7] antico ritratto che non ricordo ; sopra il letto, il fatidico baldacchino.

La cugina se ne va e dopo qualche minuto, nel grande silenzio della casa, sento un passo nel corridoio. Bussano alla porta. Io dico : « Avanti[8]. »

È una vecchietta sorridente vestita di bianco come le infermiere ; e sopra un vassoio mi porta una caraffa di acqua e un bicchiere.

« Sono venuta a[9] vedere se il signore ha bisogno di qualche cosa. » « No, niente, molto gentile » rispondo. La ringrazio dell'acqua.

E lei : « Come mai l'hanno messa[10] a dormire quaggiù con tante stanze più comode[11] che ci sono nel palazzo ? »

« Una mia curiosità. Perché in questa Torre dicono che ci abiti[12] un fantasma e mi piacerebbe di incontrarlo. »

---

1. enclise avec l'impératif.
2. ▲ italianisme à retenir.
3. style parlé. Rappelons à ce propos deux règles : l'accord avec le sujet réel : **c'è una camera** : *il y a une chambre* ; **ci sono quattro camere** : *il y a quatre chambres.* D'autre part, lorsque deux pronoms se suivent, le pronom atone, terminé par i change ce i en e devant les pronoms **lo, la, li, le** et **ne** : **Te lo dico ora, ma te ne ho già parlato** : *je te le dis maintenant, mais je t'en ai déjà parlé.*
4. on dit au plur. **i miei nonni** : *mes grands-parents,* mais, au sing. **mio nonno** ou **il nonno** : *mon grand-père.* Cette règle vaut pour tous les noms de parenté proche employés sans adjectifs et non altérés par un suffixe.
5. = **tutto quello che serve in una camera** : *tout ce qui sert dans une chambre.*
6. ▲ *l'électricité* se traduit, la plupart du temps par **la luce**.

C'est un caprice, d'accord, mais fais-moi plaisir, je t'en prie. Je regrette seulement de te déranger.

— Si ce n'est que cela, répond-elle, ce n'est pas un dérangement. Il y a quatre chambres dans la Tour, et depuis l'époque de mes arrière-grands-parents, elles sont toujours tenues en ordre, les lits faits et tout ; l'unique inconvénient, c'est qu'il y a peut-être un peu de poussière.

Et elle de refuser et moi d'insister... A la fin, Emilia se décide :

— Fais comme tu veux et que Dieu te bénisse.

Et elle-même m'accompagne en personne là-bas, à la lumière de bougies, car on n'a jamais mis l'électricité dans la Tour.

C'était une grande pièce avec des meubles Empire et quelques anciens portraits dont je ne me souviens plus ; au-dessus du lit l'inévitable baldaquin.

Ma cousine s'en va et quelques minutes après, dans le grand silence de la maison, j'entends un pas dans le couloir. On frappe à la porte. Je dis :

— Entrez !

C'est une petite vieille souriante, vêtue de blanc, comme les infirmières ; et sur un plateau, elle m'apporte une carafe d'eau et un verre.

— Je suis venue voir si Monsieur n'a besoin de rien.

— Non, de rien, vous êtes bien aimable, dis-je.

Je la remercie pour l'eau.

Et elle :

— Comment se fait-il qu'on vous ait fait dormir ici, avec toutes les pièces plus confortables qu'il y a dans la maison ?

— C'est une curiosité de ma part. Parce qu'on dit que dans cette Tour habite un fantôme, et j'aimerais le rencontrer.

---

7. **qualche,** sing., entraîne subs. et adj. au sing.
8. interjection ; ordre d'entrer.
9. ▲ on met toujours la prép. a après un verbe de mouvement, devant l'infinitif qui suit ; **vado a comprarti quel libro :** *je vais t'acheter ce livre.*
10. **l'hanno messa** = la hanno messa. Pour la tournure de politesse, si l'on s'adresse à un homme, l'adj. ou le p. p. sont, en général, au masc. : on devrait donc trouver **la hanno messo**. Ici, il s'agit d'une formule de respect qui fait plus directement référence à l'expression **Vostra Signoria :** *Votre Seigneurie*, le p. p. est donc, logiquement, au féminin.
11. ▲ **comodo :** *confortable, commode* ; **le comodità :** *le confort.*
12. subj. prés. après un verbe d'opinion au prés. ind.

La vecchietta[1] scuote[2] la testa : « Non ci pensi[3] neppure, signore. Una volta forse, chissà, ma oggi non sono più tempi da[4] fantasmi. Si immagini[5] poi adesso che qui sotto, all'angolo, hanno costruito[6] un garage. No, no, può stare tranquillo, signore, lei si farà un sonno solo. »

E così è stato difatti[7]. Mi sono addormentato quasi subito, mi son[8] svegliato che il sole era già alto.

Mentre[9] mi vesto, però, girando gli occhi, mi accorgo[10] che non ci sono più né il vassoio né la bottiglia né il bicchiere.

Mi vesto, scendo, trovo mia cugina[11] : « Scusa, sai[12], si può sapere[13] chi[14], mentre dormivo, è entrato in stanza a prendere[15] la bottiglia e il bicchiere dell'acqua ? »

« Che bottiglia ? » fa[16] lei. « Che bicchiere ? »

« Ma sì, quelli che ieri sera mi ha portato una gentile vecchietta, per tuo ordine immagino, poco dopo che tu eri andata via. »

Lei mi fissa : « Guarda che devi essertelo sognato[17]. Le mie persone di servizio le conosci. Qui in casa di vecchiette non ne esistono. »

La maga

Mia nonna, raccontava, era una donna straordinaria ; a soli[18] ventisette anni dirigeva un laboratorio di tessitrici di damaschi[19], alle porte di Vicenza.

Un giorno una delle ragazze arriva da lei tutta in lacrime[20]. « Cosa è successo, Rita, per agitarti così ? » E quella le confessa di aspettare un bambino.

---

1. dim. de **vecchia**.
2. prés. de **scuotere, scossi, scosso**.
3. impératif de politesse ; pour le rendre, on emploie la 3e personne du subj. prés.
4. **da** indique la caractéristique.
5. cf. note 3.
6. ⚠ orthographe de **costruire :** il ne faut pas se laisser influencer par le français.
7. syn. : **infatti**.
8. **son** = **sono** : l'italien laisse parfois tomber le **o** de **sono**, le **e** d'un infinitif, mais il n'y a pas de règle à cet usage.
9. **mentre :** *pendant que*.
10. **accorgersi, accorsi, accorto**.
11. cf. note 4 page 122.

La petite vieille hoche la tête :

— N'y pensez même pas, Monsieur. Autrefois, peut-être, qui sait, mais aujourd'hui, ce n'est plus une époque de fantômes. Figurez-vous même, à présent, qu'en bas d'ici, à l'angle, on a construit un garage. Non, non, vous pouvez être tranquille, Monsieur, vous allez dormir d'un seul trait.

Et c'est en effet ainsi que cela s'est passé. Je me suis endormi presque tout de suite, je me suis réveillé que le soleil était déjà haut.

Mais tandis que je m'habille, en tournant les yeux, je m'aperçois qu'il n'y a plus ni plateau, ni bouteille, ni verre.

Je m'habille, je descends, je trouve ma cousine :

— Oh ! pardon, peut-on savoir qui est entré dans la pièce, pendant mon sommeil, pour prendre la bouteille et le verre d'eau ?

— Quelle bouteille ? dit-elle. Quel verre ?

— Mais si, ceux que m'a apportés hier soir une gentille petite vieille, sur ton ordre, j'imagine, peu après ton départ.

Elle me fixe du regard :

— Attention ! tu dois avoir rêvé. Tu connais mes gens de service. Ici, dans cette maison, il n'y a pas de petites vieilles.

La magicienne

Ma grand-mère, racontait-il, était une femme extraordinaire ; à vingt-sept ans seulement, elle dirigeait un atelier de tisseuses de damas, aux portes de Vicence.

Un jour, une des filles arrive chez elle tout en larmes.

— Qu'est-ce qui s'est passé, Rita, pour que tu t'agites ainsi ?

Et la fille lui avoue qu'elle attend un enfant.

---

12. m. à m. *tu sais*, remplit un vide dans un dialogue.
13. **sapere, seppi, saputo**.
14. **chi :** pron. interrogatif.
15. **prendere, presi, preso**.
16. prés. ind. irrég. de **fare** (faccio, fai, fa, facciamo, fate, fanno).
17. **sognarselo :** se dit plutôt dans un sens ironique ; double enclise des pron. pers.
18. adj. en italien (et non pas adv.) s'accorde avec **anni**.
19. en réalité, Venise et Trévise étaient les centres les plus importants, en Vénétie, pour le tissage de damas.
20. sing. **lacrima,** doublet de **lagrima. Scoppia in lagrime :** *elle éclate en sanglots.*

« Ah sì ? E chi è stato[1] ? » domanda mia nonna. « È stato Duilio, il nipote del farmacista. »

« Lascia fare a me » dice mia nonna. Chiama tutte le ottanta ragazze[2], gli[3] spiega il fatto e le prega di aiutare la[4] Rita.

Te le immagini ottanta ragazze, scatenate[5] tutte insieme alle spese di un povero disgraziato ? Dopo neanche un mese si fanno le nozze. Dopo sette mesi nasce un bel bambino.

Un matrimonio che sembra riuscito, nei primi tempi tutto bene. Poi lui diventa taciturno e cupo, fa scenate, beve[6], sta[7] fuori fin tardi alla notte. Però lei càtta[8], come se non si accorgesse di niente.

Senonché una sera, tornato dal lavoro, lui domanda : « Cosa hai preparato per cena ? » E lei : « Ho buttato[9] appena adesso gli spaghetti. » « Niente spaghetti », fa lui « stasera di spaghetti non ho voglia[10]. Fammi[11] invece del riso in bianco. » Lei dice : « Riso in casa non ce n'è più. » E lui : « Allora vai[12] fuori a comperarlo. »

Lei esce, starà[13] fuori neanche mezz'ora, quando ritorna il marito è scomparso.

Per tutta la notte lei in piedi ad aspettarlo. Ma neppure il giorno dopo Duilio si fa vedere. Lei chiede in giro, nessuno ne sa niente.

Un giorno, due giorni, l'uomo non si fa vivo. Che sia successa una disgrazia ? Dai carabinieri Rita fa denuncia.

---

1. m. à m. *et qui cela a-t-il été ?*
2. m. à m. *toutes les quatre-vingts filles* : traduction trop lourde en français ; en italien **tutte** insiste sur l'idée que toutes les filles sont là, au complet.
3. **gli :** pron. pers. compl. d'objet indirect masc. sing. à l'origine ; semble s'imposer au pluriel, en tout cas dans le style parlé. On entend beaucoup plus : **gli spiega** que **spiega loro**, pour dire : *il leur explique*.
4. **la Rita :** l'article s'emploie familièrement devant un prénom.
5. **scatenato** ≠ **incatenato** : *déchaîné ≠ enchaîné*. Cf. **sbloccato** ≠ **bloccato** : *débloqué ≠ bloqué* ; **scaricato** ≠ **caricato** : *déchargé ≠ chargé*.
6. prés. ind. irrég. de **bere, bevvi, bevuto** (**bevo, bevi, beve, beviamo, bevete, bevono**).
7. **stare,** ici dans son sens premier : *rester*. Autres sens : **come stai ?** : *comment vas-tu ?*; **sto facendo le valigie** : *je suis en train de faire mes valises* ; **sto per partire** : *je vais partir*.

— Ah ! vraiment ? Et qui est-ce ? demande ma grand-mère.

— C'est Duilio, le neveu du pharmacien.

— Laisse-moi faire, dit ma grand-mère.

Elle appelle les quatre-vingts filles, leur explique le fait et les prie d'aider Rita.

Tu t'imagines quatre-vingts filles déchaînées toutes ensemble aux dépens d'un pauvre malheureux. Moins d'un mois après, les noces ont lieu. Sept mois après, naît un beau bébé.

Un mariage qui semble réussi ; dans les premiers temps, tout va bien. Puis, lui devient taciturne et sombre, fait des scènes, boit, sort tard dans la nuit. Mais elle, la petite, fait comme si elle ne s'apercevait de rien.

Mais un soir, au retour du travail, voilà qu'il demande :

— Qu'est-ce que tu as préparé pour le dîner ?

Et elle :

— Je viens tout juste de mettre les spaghetti dans l'eau.

— Pas de spaghetti, dit-il. Ce soir, je n'ai pas envie de spaghetti. Fais-moi plutôt du riz au beurre.

Et elle :

— Du riz, il n'y en a plus à la maison...

Et lui :

— Alors, sors en acheter.

Elle sort, reste dehors même pas une demi-heure peut-être. Quand elle revient, son mari a disparu.

Pendant toute la nuit, elle reste debout à l'attendre. Mais le lendemain non plus, Duilio ne se montre pas. Elle demande tout autour d'elle, personne ne sait rien.

Un jour, deux jours, l'homme ne donne pas signe de vie. Un malheur serait-il arrivé ? Rita porte plainte à la gendarmerie.

---

8. mot d'origine napolitaine.
9. **buttare la pasta** (sous-entendu **nell'acqua bollente**) expression consacrée en italien.
10. rappelons les deux traductions du français *envie* : **Ho voglia di dormire** : *J'ai envie de dormir* et **l'invidia è un brutto vizio** : *l'envie est un vilain défaut.*
11. redoublement de la 1re lettre du pron. pers. avec les impératifs monosyllabiques : **dillo** : *dis-le*, **vacci** : *vas-y*, etc.
12. 2e pers. du prés. ind. irrég. de **andare (vado, vai, va, andiamo, andate, vanno)** ; s'entend souvent à la place de l'impératif : *va !*
13. expression marquant l'hypothèse ; syn. : **Sarà successa una disgrazia ?**

Passano ancora giorni su giorni e la moglie si consuma nei pianti. Finalmente i carabinieri la chiamano : « Abbiamo appurato[1] che tuo marito è partito il giorno cinque per il Brasile, leggi qui il fonogramma da Genova[2]. »

Fuggito dunque, partito per sempre. La Rita non riesce[3] a rassegnarsi, senza un soldo senza un lavoro. Per fortuna c'era mia nonna.

Altri sei mesi e mia nonna va a[4] trovarla. « Niente notizie[5] ? » « No, ancora niente. » Allora mia nonna : « Sai[6] cosa facciamo ? Qui bisogna interpellare la maga Baù[7]. Su, vestiti[8], che andiamo. »

Vanno da questa vecchia maga vicentina[9] e le raccontano tutta la storia. La maga Baù si concentra, poi dice alla Rita : « Va' di là[10], ti prego, e da' una occhiata[11] allo specchio. »

Nella stanza vicina c'è un grande specchio, e dentro nello specchio la Rita cosa vede ? Vede suo marito Duilio sotto una pergola che pacifico e contento sta giocando[12] alle bocce[13].

La Rita grida : « Duilio mio dove sei ? Io son qui disperata e tu giochi[14] alle bocce ? » « Sta' tranquilla », dice la maga Baù « vedrai che entro due mesi tuo marito ritorna. »

E dopo due mesi precisi eccolo infatti che rincasa. E subito chiede alla moglie, prima ancora di abbracciarla : « Dimmi, Rita, che cosa mi hai fatto ? »

« Io ? Niente ti ho fatto. Perché ? »

---

1. cf. **puro** : *pur*; **appurare** : *contrôler la vérité, l'exactitude d'une chose.*
2. ⚠ ne pas confondre **Genova** : *Gênes* et **Ginevra** : *Genève.*
3. le verbe **riuscire** est la meilleure traduction du français *arriver* au sens figuré : *je n'arrive pas à comprendre* : **non riesco a capire.**
4. ⚠ notons la prép. **a** après un verbe de mouvement. Pour la conjugaison de **andare**, voir note 12, page précédente.
5. style parlé ; syn. : **nessuna notizia.**
6. prés. ind. irrég. de **sapere (so, sai, sa, sappiamo, sapete, sanno)**.
7. **baù** imite l'aboiement du chien. On fait peur aux enfants en leur parlant du Baù Baù, qui est une sorte d'Ogre. **Fare baù baù** : *faire peur aux enfants en se couvrant le visage.*
8. enclise du pron. pers. **ti** à l'impératif de **vestire**.
9. **vicentino :** adj. pour désigner un habitant de Vicence.

Il se passe encore des jours et des jours et l'épouse se consume en larmes. Finalement, les gendarmes l'appellent :

— Nous avons vérifié que ton mari est parti le cinq pour le Brésil, tu peux lire ici le phonogramme en provenance de Gênes.

Enfui, donc, parti pour toujours. Rita n'arrive pas à se résigner, sans un sou, sans travail. Heureusement, il y avait ma grand-mère.

Six mois passent encore et ma grand-mère va la trouver.

— Pas de nouvelles ?

— Non, rien encore.

Alors ma grand-mère :

— Tu sais ce que nous allons faire ? Dans le cas présent, il faut consulter la magicienne Baù. Allons, habille-toi, nous y allons.

Elles vont chez cette vieille magicienne de Vicence et lui racontent toute l'histoire. La magicienne Baù se concentre, puis dit à Rita :

— Va dans l'autre pièce, s'il te plaît, et jette un coup d'œil au miroir.

Dans la pièce d'à côté, il y a un grand miroir et, à l'intérieur, dans le miroir, Rita, qu'est-ce qu'elle voit ? Elle voit son mari, Duilio, sous une tonnelle qui, tout serein et content, est en train de jouer aux boules.

Rita crie :

— Mon cher Duilio, où es-tu ? Moi, je suis ici, désespérée, et toi, tu joues aux boules !

— Ne te fais pas de souci, dit la magicienne Baù, dans deux mois, tu verras, ton mari va revenir.

Et précisément deux mois après, le voici, en effet, qui revient à la maison. Et tout de suite il demande à sa femme, avant même de l'embrasser :

— Dis-moi, Rita, qu'est-ce que tu m'as fait ?

— Moi ? Je ne t'ai rien fait. Pourquoi ?

---

10. expr. qui désigne souvent la pièce à côté.
11. le suff. **-ata** a le sens de *un coup de* : **un'occhiata** : *un coup d'œil* ; **una pedata** : *un coup de pied* ; **una pugnalata** : *un coup de poignard.*
12. **stare** + gérondif : forme progressive, **stava ridendo** : *il était en train de rire.*
13. plur. de **boccia** ; le **i** n'est pas accentué et la finale **-cia** est précédée d'une consonne. Cf. **orgia, orge** : *orgie(s).*
14. 2ᵉ personne du sing. prés. ind. de **giocare**. Comme tous les verbes terminés par **-care** et **-gare**, il faut intercaler un **h** devant i ou e pour garder le son dur : **giochiamo** : *nous jouons* ; **giocheranno** : *ils joueront.*

« Perché io me ne stavo beato laggiù dalle parti di Pernambuco[1], avevo trovato un buon lavoro e un giorno sotto una bella pergola stavo giocando alle bocce con degli altri italiani, quando all'improvviso ho sentito una cosa qui nel petto, come un rimorso, un tormento, un fuoco. E da quel momento non ho avuto più pace, non ho pensato altro che a tornare[2]. Si può sapere, Rita, che cosa mi hai fatto ? Si può sapere che cosa mi hai combinato[3] ? »

« Io ? » rispose lei tranquilla. « Cosa potevo farti io, con l'oceano di mezzo, povera moglie abbandonata ? »

E lui : « Cosa mi hai fatto, Rita ? »

E lei : « Niente, ti giuro, niente. »

La sosia

Mi ricordo, raccontava di un certo Luigi Bertàn, un bravo giovanotto[4], di buona famiglia, unico figlio, orfano, fidanzato di una certa Màrion, una delle più belle ragazze di Treviso[5]. Ma questa stupenda creatura muore[6], che non ha ancora diciott'anni, peritonite o che so io.

Ora nessuno[7] può immaginare la disperazione del Bertàn. Si chiude in casa, non vuol più vedere nessuno. I vecchi[8] amici battono alla porta[9] : « Gino, fatti almeno vedere[10], noi tutti si capisce[11] il tuo dolore, ma questa è una esagerazione, tu che eri il più allegro di noi, tu che eri l'anima della compagnia. » Ma lui niente, non risponde, non apre, insomma un caso pietoso.

---

1. ancien nom de Recife, capitale de Pernambouc, État au nord-est du Brésil.
2. **tornare :** *revenir, rentrer*; *tourner* se traduit par **girare**, **volgere** ou **voltare**, selon les cas.
3. **combinare :** *prendre une décision commune, organiser*, par extension : *arriver à faire quelque chose de répréhensif*, d'où le sens souvent péjoratif de **combinazione**.
4. style parlé ; syn. : **un bravo giovane**.
5. **Treviso :** ville située à une trentaine de kilomètres au nord de Venise ; centre agricole et commercial.
6. prés. ind. irrég. de **morire** (**muoio, muori, muore, moriamo, morite, muoiono**).
7. ici, le pron. indéfini **nessuno** est placé avant le verbe, il suffit à marquer la négation ; inversement, à la ligne suivante, nous avons : **non vuole più vedere nessuno**, le verbe est

— Parce que je vivais bien heureux là-bas, du côté de Pernambouc, j'avais trouvé un bon travail et, un jour, sous une belle tonnelle, j'étais en train de jouer aux boules avec d'autres Italiens, quand, soudain, j'ai senti une chose, ici, dans ma poitrine, comme un remords, un tourment, un feu. Et à partir de ce moment-là, je n'ai plus connu de paix, je n'ai pensé à rien d'autre qu'au retour. Peut-on savoir, Rita, ce que tu m'as fait ? Peut-on savoir ce que tu as manigancé ?

— Moi ? répondit-elle tranquillement. Qu'est-ce que je pouvais te faire, avec l'océan entre nous, pauvre épouse abandonnée ?

Et lui :

— Qu'est-ce que tu m'as fait, Rita ?

Et elle :

— Rien, je te jure, rien.

Le sosie

Je me souviens, il racontait ceci à propos d'un certain Luigi Bertàn, brave jeune homme de bonne famille, fils unique, orphelin, fiancé à une certaine Marion, une des plus belles filles de Trévise. Mais cette superbe créature meurt, à moins de dix-huit ans, péritonite ou je ne sais quoi.

Or, personne ne peut imaginer le désespoir de Bertàn. Il se renferme chez lui, ne veut plus voir personne. Ses vieux amis frappent à sa porte : « Gino, au moins montre-toi, nous tous, on comprend ta douleur, mais ça, c'est de l'exagération, toi qui étais le plus gai de nous tous, toi qui étais l'âme de notre groupe. » Mais lui, rien, il ne répond pas, n'ouvre pas, un cas pitoyable, en somme.

---

précédé de la négation **non** et suivi de **nessuno** (les deux négations ne s'annulent pas). Notons que, dans ce second cas, **nessuno** placé avant le verbe donnerait à la phrase un tour presque épique. **Nessuno viene** et **non viene nessuno** : *personne ne vient*, sont des tournures équivalentes, mais il n'en va pas toujours ainsi, sans que l'on puisse déterminer une règle.

8. sing. **vecchio**.

9. **battere alla porta** implique un bruit plus fort que l'expression **bussare alla porta**.

10. **farsi vedere :** *se montrer*. **Bisogna farsi vedere :** *il faut se montrer*; **mostrarsi** est d'un usage moins courant ; on dit : **mostrare i libri, la casa :** *montrer ses livres, sa maison*.

11. **noi si capisce :** style parlé.

Credere[1] o non credere, per due anni interi così. Finché un giorno due dei vecchi amici[2] riescono, supplicando, a farsi aprire. Lo abbracciano, cercano di[3] consolarlo, era diventato uno scheletro, con una barba lunga così. « Senti, Gino, hai sofferto[4] abbastanza, non puoi assolutamente continuare, hai il dovere di ritornare alla vita. »

Fatto è che, per tirarlo su[5], gli amici gli combinano una festa in suo onore, invitano un sacco[6] di belle ragazze, champagne, musica, allegria.

E bisognava vederlo[7], quella sera, Gino Bertàn, sbarbato, col vestito delle grandi occasioni, sembrava diventato un altro, brillante e spiritoso come ai bei tempi.

Ma a un certo punto della festa lui si apparta[8] in un angolo con una bionda e parla, parla, parla come fanno gli innamorati.

« Chi è quella bionda ? » uno[9] domanda. Rispondono : « Non so, deve essere forestiera[10], da queste parti non si è mai vista. » Rispondono : « Pare che sia[11] una amica della Sandra Bortolin. » Dicono : « Comunque, lasciamolo in pace, Dio voglia che questa bionda gli faccia passare le paturnie[12]. » Dicono : « Si vede proprio che è il suo tipo. Mica per niente, ve ne siete accorti ?, ha gli stessi occhi della povera Màrion. » « È vero, è vero, accidenti come le assomiglia. »

Per tutta la sera quei due insieme, fino a che la festa si scioglie[13], erano già passate le ore tre.

---

1. infinitif à valeur d'impératif.
2. rappelons que **amico**, bien qu'accentué sur l'avant-dernière syllabe, fait **amici** au plur. De même **nemico, nemici** : *ennemi(s)*; **porco, porci** : *porc(s)*; **greco, greci** : *grec(s)* et **belga, belgi** : *belge(s)*.
3. construction : **cerco di capire** : *je cherche à comprendre*; **provo a capire** : *j'essaye de comprendre*.
4. p. p. irrég. de **soffrire, soffrii, sofferto**.
5. **tirare su il morale :** *remonter le moral*; tirare su un figlio : *élever un enfant*.
6. syn. : **un mucchio di**; **un mucchio di soldi** : *une grande quantité d'argent*; **un sacco di ragioni** : *une grande quantité de raisons*.
7. enclise du pron. pers. à l'infinitif.
8. syn. : **mettersi da parte**.
9. remarquons que l'*un* se traduit par **uno**, non précédé d'article.

Qu'on le croie ou non, il en fut ainsi pendant deux années entières... Jusqu'à ce qu'un jour deux de ses vieux amis réussissent, en suppliant, à se faire ouvrir. Ils l'embrassent, cherchent à le consoler, il était devenu un squelette, avec une barbe longue comme ça.

— Écoute, Gino, tu as assez souffert, tu ne peux absolument pas continuer, tu as le devoir de revenir à la vie.

Toujours est-il que, pour lui remonter le moral, ses amis organisent une fête en son honneur, invitent un tas de belles filles, avec champagne, musique et réjouissances.

Et il fallait le voir, ce soir-là, Gino Bertàn, rasé, avec son costume des grandes occasions ; il semblait devenu quelqu'un d'autre, brillant et spirituel, comme au bon vieux temps.

Mais à un certain moment de la fête, il s'isole dans un coin avec une blonde et il parle, parle, parle, comme font les amoureux.

— Qui est cette blonde ? demande quelqu'un.

D'autres répondent :

— Je ne sais pas, elle doit être étrangère à la ville, on ne l'a jamais vue par ici.

D'autres encore :

— Il paraît que c'est une amie de Sandra Bortolin.

D'autres disent :

— De toute façon, laissons-le tranquille. Dieu veuille que cette blonde lui fasse passer ses idées noires.

D'autres encore :

— On voit que c'est vraiment son type. Ce n'est pas pour rien, vous vous en êtes aperçus ? Elle a les mêmes yeux que la pauvre Marion.

— C'est vrai, c'est vrai, ça alors, comme elle lui ressemble !

Pendant toute la soirée, ils restent ensemble tous les deux, jusqu'à ce que la fête prenne fin, à plus de trois heures du matin.

---

10. le mot *étranger* a trois traductions. **Un Romano è un forestiero a Firenze** : *un Romain est un étranger à Florence.* **I Francesi sono stranieri in Italia** : *les Français sont des étrangers en Italie.* **Questo modo di agire mi è del tutto estraneo** : *cette façon d'agir m'est complètement étrangère.*
11. subj. prés. après un verbe d'opinion au prés. ind.
12. pop. ; on dit plutôt **paturne : avere le paturne = avere le lune** : *avoir le cafard, être de mauvaise humeur.*
13. prés. ind. irrég. de **sciogliere, sciolsi, sciolto** (sciolgo, sciogli, scioglie, sciogliamo, sciogliete, sciolgono).

Gino accompagnerà la bella in macchina a casa. Escono, lei ha un brivido, si è messo infatti a soffiare il vento. « Si copra[1] con questo » fa lui. E le mette sulle spalle il suo[2] pullover.

« Dove l'[3]accompagno, signorina ? » « Da quella parte » risponde lei facendo segno. « Ma in che via precisamente ? » « Non importa, non importa, le dirò io[4] dove fermarsi, magari i miei sono ancora svegli ad aspettarmi, non vorrei che ci vedessero[5] insieme. »

Vanno[6], vanno, per le strade deserte. Ormai sono alla periferia.

« Ecco » fa la ragazza a un certo punto. « Adesso siamo arrivati. No, non si disturbi[7] a scendere. Grazie di tutto. E arrivederci. »

« Ma il suo[8] indirizzo ? Il suo[8] telefono ? Ci potremo rivedere, no ? »

Lei, già scesa di macchina, sorride : « Eh, dovrò pur restituirle[9] il pullover ! » Ora fa un cenno d'addio con la mano, è già scomparsa dietro l'angolo.

Un po' frastornato[10] lui riparte, avviandosi in direzione di casa, quando gli viene un dubbio strano : « Ma dove l'ho accompagnata ? Che posto era ? »

Torna indietro, ritrova il luogo, svolta l'angolo dove lei è scomparsa. C'è una strada buia, non si vede niente. Lui accende i fari. Laggiù in fondo una cancellata.

Si avvicina. Il suo pullover pende da una delle aste[11] di ferro. È il recinto del cimitero dove Màrion è sepolta[12].

---

1. impératif de politesse du v. **coprire** ; 3e personne du subj. prés.
2. ici, on a un adj. possessif pour préciser que Gino met son propre pull-over sur les épaules de la jeune fille. En général, l'italien évite, lorsque c'est possible, l'adj. possessif : **Si mette le pantofole** : *il met ses pantoufles.*
3. mis pour **la accompagno** : élision du **a** devant une voyelle, dans un dialogue : supprime un hiatus désagréable.
4. l'inversion du pron. sujet et le fait même qu'il soit exprimé marquent, en général, une insistance. Ici, il s'agit d'une expression spontanée et il n'est pas utile de traduire cette nuance en français, d'autant plus que l'expr. « c'est moi qui le dirai » pourrait donner facilement un ton quelque peu hostile à la phrase.
5. concordance des temps : subj. imparfait après le verbe **volere** : *vouloir* au cond. dans la principale.

Gino va accompagner la belle en voiture chez elle. Ils sortent elle a un frisson, car le vent s'est mis à souffler.

— Couvrez-vous avec ça, dit-il.

Et il lui met son pull-over sur les épaules.

— Où est-ce que je vous accompagne, Mademoiselle ?

— De ce côté-là, répond-elle, d'un geste.

— Mais dans quelle rue au juste ?

— C'est sans importance, sans importance, je vous dirai où vous arrêter, peut-être que les miens sont encore éveillés à m'attendre, je ne voudrais pas qu'ils nous voient ensemble.

Ils roulent, roulent dans les rues désertes. Maintenant, ils sont dans la banlieue.

— Voilà, fait la jeune fille, à un certain moment. Maintenant, nous sommes arrivés. Non, ne prenez pas la peine de descendre. Merci de tout et au revoir.

— Mais votre adresse ? Votre numéro de téléphone ? Nous pourrons nous revoir, n'est-ce pas ?

Elle, déjà descendue de voiture, sourit :

— Eh ! il faudra bien que je vous rende votre pull-over ! Maintenant, elle fait un signe d'adieu de la main, elle a déjà disparu au coin de la rue.

Un peu déconcerté, il repart, en se dirigeant vers chez lui, quand un doute étrange lui vient : « Mais où donc l'ai-je accompagnée ? Quel était cet endroit ? »

Il revient en arrière, retrouve le lieu, tourne au coin où elle a disparu. Il y a une rue sombre, on ne voit rien. Il allume les phares. Là-bas, au fond, une grille.

Il s'approche. Son pull-over pend à l'une des hampes de fer. C'est l'enceinte du cimetière où Marion est enterrée.

---

6. prés. ind. irrég. de **andare (vado, vai, va, andiamo, andate, vanno)**.
7. v. **disturbare ;** cf. note 1.
8. adj. possessif de la 3ᵉ personne, correspondant à la personne de politesse.
9. enclise du pron. pers. compl. d'objet indirect de la personne de politesse.
10. **frastornare :** *étourdir, déconcerter*; **il frastornamento :** *l'étourdissement, le dérangement, la distraction*, **il frastornio** (plur. **frastornii**) : *le vacarme continu.*
11. **l'asta della bandiera :** *la hampe du drapeau*; **l'asta (o la stanghetta) degli occhiali :** *la branche de lunettes.*
12. p. p. irrég. de **seppellire (-isco), seppellii, sepolto**.

L'elefantiasi

L'éléphantiasis

Viene perfino da ridere[1] pensando quanto a lungo l'umanità ha tremato per la paura di una distruzione atomica ; e intanto continuava a produrre[2], in quantità sempre più imponenti, credendo trattarsi[3] di cosa innocua, ciò che oggi, anno 1987, sta mostruosamente minacciando[4] la sua stessa[5] esistenza.

Chi[6] scrive non è fisico[7] né chimico[7], perciò non può addentrarsi[8] nei particolari tecnici[9] del tremendo[10] fenomeno, – del resto rimasto in gran parte misterioso agli stessi[5] specialisti – che viene[11] comunemente chiamato l'elefantiasi delle cose o il cancro della materia.

Risalgono[12] al principio del secolo le ricerche per la realizzazione delle cosiddette materie plastiche, le quali presentassero[13] caratteristiche, utili all'uomo, che non si ritrovavano nei materiali offerti dalla natura e dalle tecniche tradizionali.

Uno storico passo avanti su questa via fu l'invenzione dei polimeri, che diedero[14] luogo a un imponente sviluppo industriale, a partire dalla seconda guerra mondiale (1939-1945).

Chimici geniali andarono a gara nel creare[15] nuove sostanze, relativamente di poco costo, che potevano sostituire il ferro, il legno, il cuoio, le stoffe, la ceramica, il vetro, anzi risultavano assai più pratiche e vantaggiose nell'uso.

---

1. forme impersonnelle ; **viene da piangere** : *on a envie de pleurer.*
2. **produrre, produssi, prodotto**.
3. = credendo che si trattasse.
4. **stare** + gérondif : forme progressive. **Ho paura che stia succedendo** : *j'ai peur que cela soit en train d'arriver.*
5. **stesso** peut se mettre avant ou après le subst. : **la stessa classe** signifie, soit *la même classe*, soit *la classe elle-même* ; **la classe stessa** n'a qu'un seul sens : *la classe elle-même.*
6. syn. : **colui che, quello che**.
7. plur. **fisici, chimici** : mots accentués sur l'antépénultième.
8. syn. : **andare dentro, all'interno. Si è addentrato nella foresta** : *il s'est enfoncé dans la forêt.*
9. sing. **tecnico**. Cf. note 7.
10. cf. **un pericolo tremendo** : *un danger terrible* ; **spaventa**

On a presque envie de rire quand on pense que l'humanité a tremblé pendant si longtemps par peur d'une destruction atomique ; et malgré cela, elle continuait à produire en quantités de plus en plus imposantes, croyant qu'il s'agissait d'une chose inoffensive, ce qui, aujourd'hui, en 1987, est en train de menacer monstrueusement son existence même.

L'auteur de ces lignes n'est ni physicien ni chimiste : c'est pourquoi il ne peut pas entrer dans les détails techniques du terrible phénomène — demeuré, du reste, en grande partie mystérieux pour les spécialistes eux-mêmes — qu'on appelle communément l'« éléphantiasis des choses » ou « le cancer de la matière ».

C'est au début du siècle que remontent les recherches pour la réalisation des matières dites plastiques susceptibles de présenter des caractéristiques utiles à l'homme, que l'on ne retrouvait pas dans les matériaux offerts par la nature et par les techniques traditionnelles.

Un pas en avant historique dans cette voie fut l'invention des polymères qui donnèrent lieu à un développement industriel important, à partir de la Seconde Guerre mondiale (1939-1945).

Des chimistes géniaux rivalisèrent à l'envi pour créer des substances nouvelles, relativement peu coûteuses, qui pouvaient remplacer le fer, le bois, le cuir, les tissus, la céramique, le verre, et se révélaient même beaucoup plus pratiques et avantageuses à l'usage.

---

tremendamente tutti : *il épouvante terriblement tout le monde* ; de la même famille : **tremare** : *trembler* ; **trema di febbre** : *il tremble de fièvre* ; **avere la tremarella** (familier) : *avoir un frisson dans le dos* ; **tremebondo** : **durante il temporale stava tutto tremebondo** : *pendant l'orage, il était tout tremblant.*

11. lorsqu'il s'agit d'une action subie, on rencontre souvent l'auxiliaire **venire** à la place de essere.

12. prés. ind. irrég. de **risalire** (**risalgo, risali, risale, risaliamo, risalite, risalgono**). **La famiglia risale al '300** : *la famille remonte au quatorzième siècle.*

13. sens particulier du subj. : *susceptible de* ; *capable de.*

14. p. s. irrég. de **dare, diedi, dato** (**diedi, desti, diede, demmo, deste, diedero**).

15. infinitif substantivé précédé de **in** : m. à m. *en créant.*

Caratteristica dei polimeri e analoghe[1] sostanze era la complessità e la grandezza delle loro molecole. Ciascuna delle quali conteneva[2] non già[3] pochissimi atomi, come ad esempio quella dell'acqua o dell'ossido di carbonio, bensì centinaia[4], migliaia[4], decine di migliaia di atomi. Molti ricorderanno forse, nelle vecchie esposizioni industriali degli anni quaranta e cinquanta, certi pittoreschi[5] modelli appunto di molecole che sembravano costruzioni per bambini, con centinaia di palline[6], variamente colorate, che rappresentavano gli atomi, collegate da asticciole a formare fantastiche[1] torri e labirintiche[1] filigrane.

A loro volta tali molecole venivano raggruppate in complicati sistemi. E ne sortivano sostanze dure come il ferro ma nello stesso tempo elastiche come la gomma[7], malleabili come la creta e leggiere[8] come la piuma.

La varietà delle ingegnose combinazioni non ebbe[9] limite. E parve[10] aprirsi una nuova era fortunata : l'ingegnere, l'architetto, il mobiliere, il chirurgo, i fabbricanti di apparecchi e utensili di ogni[11] genere, i sarti, i calzolai, i profumieri, potevano dire al chimico : mi farebbe comodo una sostanza così e così ; e dopo un po' il chimico gliela[12] provvedeva.

Con l'andar del tempo[13], di sostanze plastiche furono fatte le stoviglie, gli attrezzi domestici e sportivi, i vestiti, le calzature ; e poi le carrozzerie delle automobili, i pneumatici, le carlinghe degli aeroplani, gli scafi delle navi ; e poi ancora i motori stessi, i ponti, le case, le officine, i grattacieli.

---

1. **analogo**, bien qu'accentué sur l'antépénultième, fait **analoghi** au plur. : **con criteri analoghi** : *avec des critères analogues* ; les fém. terminés par **-ca** et **-ga** font toujours **-che** et **-ghe** au pluriel, d'où **analoghe**.
2. imparfait de **contenere, contenni, contenuto**.
3. pléonasme, pour renforcer : **Te ne parlo, non già come amico, ma come avvocato** : *Je t'en parle non pas comme ami, mais comme avocat.*
4. sing. **centinaio, migliaio**.
5. sing. **pittoresco** : adj. accentué sur l'avant-dernière syllabe.
6. dim. de **palla** : *balle* ≠ **il pallone** : *le ballon* (augmentatif terminé par **-one**).
7. **la gomma** : *le caoutchouc, le pneu.*
8. **leggiero/leggero** : doublet. Cf. **lacrima/lagrima** : *larme.*

Ce qui caractérisait les polymères et les substances analogues, c'était la complexité et la grosseur de leurs molécules. Chacune d'entre elles contenait non pas un nombre très réduit d'atomes, comme, par exemple, celle de l'eau ou de l'oxyde de carbone, mais des centaines, des milliers, des dizaines de milliers d'atomes.

Nombreux sont ceux qui se rappelleront peut-être avoir vu, dans les anciennes expositions industrielles des années quarante et cinquante, certains modèles pittoresques, précisément de molécules, qui semblaient des constructions pour enfants, avec des centaines de billes, colorées de façon variée, qui représentaient les atomes, reliées par de petites tiges de façon à former des tours fantastiques et des filigranes dédaléens.

A leur tour, ces molécules étaient regroupées en systèmes compliqués. Et il en sortait des substances dures comme le fer, mais en même temps élastiques comme le caoutchouc, malléables comme la glaise et légères comme la plume.

La variété des ingénieuses combinaisons ne connut pas de limites. Et on eut l'impression que s'ouvrait une ère nouvelle de bonheur : l'ingénieur, l'architecte, le fabricant de meubles, le chirurgien, les fabricants d'appareils et ustensiles en tout genre, les couturiers, les bottiers, les parfumeurs pouvaient dire au chimiste : cela m'arrangerait d'avoir une substance comme ci et comme ça ; et quelque temps après, le chimiste la leur fournissait.

A la longue, on fit en matière plastique la vaisselle, les équipements ménagers et sportifs, les vêtements, les chaussures et puis les carrosseries d'automobiles, les pneumatiques, les carlingues des avions, les coques des navires ; et puis encore les moteurs eux-mêmes, les ponts, les maisons, les ateliers, les gratte-ciel.

---

9. p. s. de **avere (ebbi, avesti, ebbe, avemmo, aveste, ebbero)**.

10. p. s. de **parere, parvi, parso**. **Mi pare** : *il me semble* ; **mi parve** : *il me sembla* ; **mi è parso** : *il m'a semblé*.

11. **ogni** est inv. et entraîne le reste de la phrase au sing., sauf dans les deux cas suivants : avec un chiffre : **ogni due anni** : *tous les deux ans* et dans l'expr. **Ognissanti** : *la Toussaint*.

12. **gliela** : pron. pers. groupés. **Il chimico provvedeva la sostanza al sarto** : *le chimiste fournissait la substance au couturier* ; **il chimico gli provvedeva la sostanza** : *le chimiste lui fournissait la substance* ; **il chimico la procurava al sarto** : *le chimiste la fournissait au couturier* ; **il chimico gliela procurava** : *le chimiste la lui fournissait*.

13. m. à m. *avec le temps qui passe*.

Tutto veniva a costare la metà, il terzo, il decimo, il centesimo rispetto a prima.

Sporadici[1] casi, qua e là nel mondo, accadevano, a creare improvvisi dubbi[2] ed inquietudini. Ma si perdevano nell'immensità del prospero panorama complessivo.

Ecco un minimo esempio : nella vetrina di un negozio a Nuova York, nel 1947, venne esposto[3] un elegante tavolino in un pezzo solo di materia plastica colore rosso cremisi[4]. Una mattina, venuti a fare le pulizie, i soliti inservienti, al posto del tavolino, trovarono una specie[5] di palla, poco più grossa di una comune boccia[6], dello stesso colore del tavolino. Che cosa era successo[7] ? Gli scienziati diedero elaborate spiegazioni, non del tutto convincenti. In parole povere, per ignoti motivi si era rotto all'improvviso l'equilibrio delle molecole artificialmente collegate[8] tra di loro in un gioco vertiginoso di rapporti. La materia del tavolino si era quindi fulmineamente rattrappita, riducendosi alle minime dimensioni.

Preoccupazioni di genere diverso si manifestarono negli anni sessanta : che cosa si poteva fare degli arnesi[9], degli utensili, degli involucri, degli svariatissimi oggetti di plastica ormai logorati o degradati dall'uso, o superati da nuovi prodotti migliori ? Non si potevano[10] distruggere, non si potevano bruciare, né trasformare, come si fa con la carta, in un prodotto nuovo. Come è noto, ci furono degli incontri internazionali a vario livello finché, nella conferenza di Lima[11] del 1975, fu varata[12] una convenzione che istituiva negli oceani apposite zone dove i detriti plastici, debitamente zavorrati, dovevano essere colati a fondo.

---

1. sing. **sporadico,** accentué sur l'antépénultième.
2. **il dubbio** ≠ la certezza : *la certitude* ; adj. dubbio : *douteux* ≠ certo : *certain*.
3. p. p. de **esporre, -posi, -posto**.
4. adj. inv. ; sont également inv. les adj. suivants qui indiquent des couleurs : rosa : *rose*, viola : *violet*, marrone : *marron*. Queste rose sono rosa : *ces roses sont roses*.
5. **la specie :** inv. comme tous les mots terminés par -ie, sauf la moglie : *l'épouse*, plur. mogli.
6. **la boccia :** plur. bocce, peut aussi signifier *carafe :* una boccia di acqua : *une carafe d'eau*.
7. p. p. irrég. de **succedere, successi, successo.** Expr. syn., Che cosa era accaduto ?

Tout coûtait la moitié, le tiers, le dixième, le centième de ce que cela coûtait auparavant.

Il arrivait bien çà et là dans le monde des accidents sporadiques, qui créaient des doutes soudains et des inquiétudes. Mais ils se perdaient dans l'immensité de l'heureux panorama global.

En voici un tout petit exemple : dans la vitrine d'un magasin de New York, en 1947, on exposa une élégante petite table d'une seule pièce en matière plastique de couleur rouge cramoisi. Un matin, alors qu'ils étaient venus faire le nettoyage, les employés habituels trouvèrent, à la place de la petite table, une espèce de balle, à peine plus grosse qu'une boule de pétanque ordinaire, de la même couleur que la petite table. Qu'était-il arrivé ? Les hommes de science donnèrent des explications compliquées, pas tout à fait convaincantes. En bref, pour des raisons inconnues, l'équilibre des molécules artificiellement reliées entre elles en un jeu vertigineux de rapports s'était rompu à l'improviste. La matière de la petite table s'était par suite contractée en un éclair et réduite aux plus petites dimensions.

Des préoccupations d'un genre différent se manifestèrent au cours des années soixante : que pouvait-on faire des outils, des ustensiles, des emballages, des objets les plus divers en plastique maintenant usés ou dégradés par l'usage ou dépassés par des produits nouveaux et meilleurs ? On ne pouvait ni les détruire, ni les brûler, ni les transformer, comme on le fait avec le papier, en un nouveau produit. Comme on le sait, il y eut des rencontres internationales à différents niveaux jusqu'à ce que, à la conférence de Lima, en 1975, fût approuvée une convention qui instaurait, dans les océans, des zones spéciales où les détritus plastiques, dûment lestés, devaient être envoyés par le fond.

---

8. **collegare :** *relier.* De la même famille, **il legame** : *le lien.* **C'è un legame molto forte tra di loro** : *il y a un lien très fort entre eux* ; **il collegamento telefonico** : *la liaison téléphonique.*
9. **l'arnese :** *l'instrument de travail* ; expr. familières : **ma che arnese !** : *quel drôle de truc !* ; **è piuttosto male in arnese** : *il est plutôt mal habillé.* **L'utensile** (masc.) : *ustensile*, s'emploie, par exemple, pour désigner **le macchine utensili** : *les machines-outils* ou **gli utensili da cucina** : *la batterie de cuisine.*
10. le sujet réel de **potevano** est **arnesi**, **utensili**, etc.
11. **Lima :** capitale du Pérou (**Perù** en italien).
12. cf. **varare una legge** : *approuver une loi.*

Gli Stati non firmatari, tra i quali l'Italia, preferirono[1] risolvere il problema ammucchiando i detriti a formare colline, anzi montagnole[2] artificiali. Periodiche gare di sci su neve anch'essa plastica si disputano periodicamente sul pendio[3] settentrionale del cosiddetto Monte Falso[4], tra Ferrara[5] e Malalbergo[6], che ha già raggiunto un'altezza di 350 metri dalla base e continua a crescere rapidamente.

Nessuno o quasi tuttavia — (al congresso di chimica industriale a Toronto[7], dieci anni fa, ci fu una relazione allarmistica di uno studioso polacco che fu giudicato un visionario) — nessuno o quasi prevedeva l'insorgere[8] di quella degenerazione strutturale, o, più propriamente, autopolimerizzazione, o plasticoma, che da sei mesi a questa parte[9], va diffondendo[10] il panico nel mondo.

Tanto è maggiore l'incubo perché finora non si è capita né[11] la causa né[11] la meccanica del fenomeno. Tra le varie ipotesi[12] è quella che la Terra, nel suo viaggio attraverso il cosmo, sia entrata in una zona dove agiscono influssi per ora sconosciuti, i quali avrebbero dato il via[13] al flagello. Uscito che fosse[14] il nostro pianeta dall'area funesta, la malattia, per così dire, si arresterebbe. E questa è l'unica speranza che ci rimane.

È difficile[15] stabilire con precisione l'inizio del dramma[16]. Quasi contemporaneamente, in località lontanissime tra di loro, si ebbero le prime enigmatiche avvisaglie. Dei numerosi prodromi, ne cito quattro che ebbero, nella stampa, per radio, e nella TV, una vasta eco.

---

1. **preferire (-isco)**.
2. suff. **-olo** peu usité ; cf. il **rigagnolo** : *la petite rivière, le ruisseau.*
3. plur. **pendii** ; le i est accentué au sing., il se maintient donc au plur.
4. **Monte Falso :** m. à m. « Montagne fausse ».
5. **Ferrare :** ville de l'Émilie-Romagne, fief de la famille d'Este, un des plus importants centres culturels de la Renaissance.
6. **Malalbergo :** commune de l'Émilie-Romagne, vers Bologne.
7. **Toronto :** chef-lieu de l'Ontario (Canada).
8. inf. substantivé : **insorgere, insorsi, insorto**.
9. italianisme : l'italien n'exprime souvent que la première partie de l'expression : **da sei mesi**, et le français ne traduit jamais la seconde partie.

Les États non signataires, parmi lesquels l'Italie, préférèrent résoudre le problème en amoncelant les détritus de manière à former des collines, ou plutôt des buttes artificielles. Des compétitions périodiques de ski sur de la neige, elle aussi en plastique, se disputent périodiquement sur la pente septentrionale du site baptisé Mont Falso, entre Ferrare et Malalbergo, qui a déjà atteint une hauteur de 350 mètres à partir de la base et qui continue à s'élever rapidement.

Toutefois, personne ou presque (au congrès de chimie industrielle à Toronto, voilà dix ans, il y eut un rapport alarmiste d'un savant polonais qui fut tenu pour un visionnaire) — personne ou presque ne prévoyait la brusque émergence de cette dégénérescence structurelle, ou, plus exactement, de cette autopolymérisation, ou plasticome, qui, depuis six mois, est en train de répandre la panique dans le monde.

Le cauchemar est d'autant plus grand que jusqu'ici, on n'a compris ni la cause ni le mécanisme du phénomène. Parmi les différentes hypothèses, il y a celle que la Terre, dans son voyage à travers le cosmos, est entrée dans une zone où agissent des influences pour l'instant inconnues, qui auraient déclenché le fléau. Dès que notre planète serait sortie de cette région funeste, la maladie, si on peut l'appeler ainsi, s'arrêterait. Et c'est l'unique espoir qui nous reste.

Il est difficile d'établir avec précision le début du drame. Presque en même temps, dans des localités très éloignées l'une de l'autre, se manifestèrent les premiers signes avant-coureurs énigmatiques. Des nombreux prodromes, j'en cite quatre qui eurent, dans la presse, à la radio et à la télévision, un vaste retentissement.

---

10. syn. : **sta diffondendo.**
11. **né... né :** *ni... ni* ; mais ne (sans accent) : *en*, pron. pers. **Ne ho sentito parlare** : *j'en ai entendu parler.*
12. fém. et inv. comme tous les subst. terminés par **-i** : **la crisi** : *la crise* ; **la metropoli** : *la métropole* ; **l'oasi** : *l'oasis.*
13. **via** exprime l'éloignement, employé avec un v. de mouvement : **andare via** : *s'en aller* ; **portare via** : *emmener, voler.*
14. subj. marquant l'hypothèse. Concordance des temps : subj. imparfait, car la principale est au conditionnel.
15. **è difficile stabilire :** pas de prép. en italien, après **difficile** pour introduire un infinitif.
16. plur. **i drammi.**

Il 12 febbraio scorso, sull'autostrada del Sole[1], in pieno giorno, tra Sasso Marconi[2] e Pian del Voglio[3], un'auto di marca Byas, famosa, notate bene, per la robustezza a tutta prova della carrozzeria in plastica, si gonfiò istantaneamente mentre procedeva a oltre 110 chilometri all'ora, così da ostruire[4] tutte e tre le corsie[5], e tamponò un camion che procedeva nella stessa direzione. Quattro morti. Gli accorsi[6], anziché un'automobile, trovarono una enorme e orribile massa tutta contorta, che qualcuno paragonò a un mastodontico[7] mollusco e che, tra le fiamme della benzina incendiata, si contorceva[8] lentamente dilatandosi ed ispessendosi sempre più.

Il giorno successivo, in un cinematografo di Georgeville (Lousiana) la pellicola — fatta di « verene », un polimero di recente produzione — intasò all'improvviso la macchina di proiezione, assumendo a vista d'occhio lo spessore[9] di una flaccida trave, invadendo[10] interamente la cabina, dove l'operatore rimase stritolato, e quindi traboccando fuori, nella sala e nella via.

Nella stessa settimana il piroscafo passeggeri giapponese *Hainichi Maru*, al largo dell'Hokkaido[11], moltiplicò in pochi istanti le proprie dimensioni, al punto che le murate si ersero[12] una quarantina di metri sopra il livello dell'acqua. E poiché il peso complessivo non variava, la stabilità venne meno[13]. Il bastimento si ribaltò e delle ottocento persone a bordo neppure la metà fu potuta[14] trarre in salvo.

Il ponte di Barelena, Tanzania[15] del sud, il 27 febbraio si inarcò subitamente e le sue strutture, tutte di plastica, esplosero[16], diremo così, in incomposte turgescenze che, ammucchiandosi l'una sull'altra, nel giro di poche ore formarono un informe ammasso nerastro che bloccò il sottostante uadi.

---

1. autoroute qui relie l'Italie du Nord au Sud.
2. première station de l'autoroute au sud de Bologne. Dans le village se trouve la propriété où Marconi fit ses premières expériences.
3. troisième station de l'autoroute entre Bologne et Florence.
4. **ostruire (isco)**.
5. *voie, couloir* sur une autoroute, mais également, dans un hôpital, *salle commune* où les lits sont espacés par des couloirs.
6. p. p. irrég. de **accorrere, accorsi, accorso,** employé comme substantif.

Le 12 février dernier, sur l'autoroute du Soleil, en plein jour, entre Sasso Marconi et Pian del Voglio, une auto de marque Byas, renommée, notez bien, pour la robustesse à toute épreuve de sa carrosserie en matière plastique, se gonfla instantanément alors qu'elle allait à plus de 110 kilomètres à l'heure au point de bloquer les trois voies et tamponna un camion qui allait dans la même direction. Quatre morts. Ceux qui accoururent trouvèrent, à la place d'une automobile, une énorme et horrible masse toute tordue que quelqu'un compara à un gigantesque mollusque et qui, au milieu des flammes de l'essence embrasée, se tordait lentement, en se dilatant et en épaississant de plus en plus.

Le lendemain, dans un cinéma de Georgeville (Louisiane), le film — fait en « verène », un polymère de production récente — obstrua soudain l'appareil de projection, prenant à vue d'œil l'épaisseur d'une poutre avachie, envahissant entièrement la cabine où l'opérateur fut broyé, puis débordant dans la salle et dans la rue.

Dans la même semaine, le paquebot japonais *Hainichi Maru*, au large d'Hokkaido, multiplia, en quelques instants, ses dimensions, au point que les bordages s'élevèrent d'une quarantaine de mètres au-dessus du niveau de l'eau. Et comme l'ensemble du poids ne variait pas, la stabilité vint à manquer. Le bâtiment se retourna et des huit cents personnes à bord, on ne put même pas en sauver la moitié.

Le pont de Barelena, en Tanzanie du Sud, le 27 février, se couda subitement et ses structures, toutes en plastique, explosèrent, pour ainsi dire, en turgescences désordonnées qui, s'entassant l'une sur l'autre, formèrent, en l'espace de quelques heures, un informe amas noirâtre qui bloqua l'oued en contrebas.

---

7. plur. **mastodontici**, adj. accentué sur l'antépénultième.
8. p. p. irrég. de **contorcere, contorsi, contorto**.
9. mot du masc., comme tous les mots terminés par **-ore**, sauf **la folgore** : *la foudre*.
10. gérondif de **invadere, invasi, invaso**.
11. île au Nord du Japon.
12. p. s. de **ergere, ersi, erto**.
13. cf. l'expr. **è venuto meno dal dolore** : *il s'est évanoui de douleur*.
14. lorsque les verbes **dovere, potere, sapere, volere**, sont suivis d'un infinitif, ils prennent pour auxiliaire celui de cet infinitif : **lia è potuta venire** ; **ha voluto mangiare subito** : *Lia a pu venir* ; *elle a voulu manger tout de suite*.
15. capitale Dar-el-salam, délimitée au nord par le Kenya et au sud par le Mozambique.
16. p. s. irrég. de **esplodere, esplosi, esploso**.

Nonostante[1] la documentazione fotografica, comparsa[2] sui quotidiani e sui teleschermi[3], i più[4] non ci credettero[5], per lo meno[6] non realizzarono l'eccezionalità e il sinistro significato degli incidenti. Si parlò di « esplosioni », di « frane », di « eruzioni vulcaniche ».

Nessun altro episodio allarmante si ebbe nei successivi tre mesi[7]. Dopodiché l'infezione riprese violenta, estendendosi, con una epidemia-lampo, in ogni angolo della Terra.

Occorre[8] riferire ciò che è accaduto[9] recentemente in America, in Asia, in Australia, in Africa ? Non basta ciò che è successo qui a Milano ?

È stato il 5 giugno scorso che, nella zona Magenta-Sempione[10], innumerevoli oggetti e apprestamenti di materie plastiche, specialmente quelli fatti di « lurone », hanno cominciato a lievitare e dilatarsi. In questo caso il processo è stato lento. Il manico[11] di un normale coltello da[12] tavola ha impiegato una settimana per assumere[13] un diametro di dieci centimetri.

Dapprima fu soltanto stupore e ilarità, quindi malessere e sgomento, oggi è scatenato terrore[14].

I competenti tentano di acquietare il pubblico spiegando trattarsi[15] di una singolare reazione chimica per cui[16] gli atomi e le molecole, anziché serrarsi[17] insieme, come nel caso citato del tavolino, si separano repentinamente gli uni dagli[18] altri, cosicché un oggetto della dimensione di una saponetta può ingigantire fino alle proporzioni di una botte, e oltre.

---

1. traduction de *malgré* : **nonostante** ; **tutto** : *malgré tout* ; **mio malgrado** : *malgré moi*. Il convient toutefois de noter que la forme **malgrado** tend de plus en plus à remplacer nonostante.
2. p. p. irrég. de **comparire, comparvi, comparso**.
3. mot composé : lo schermo : *l'écran* ; **una diva dello schermo** : *une vedette de l'écran*.
4. cf. **i più sono d'accordo** : *la majorité est d'accord* ; **il più è fatto** : *le plus important est fait*.
5. **credere, credei** ou **credetti, creduto**.
6. autre orthographe : **perlomeno** ; **datti da fare, perlomeno** ! : *donne-toi du mal, au moins !*
7. cf. **gli ultimi tre mesi** : *les trois derniers mois* ; **i primi tre mesi** : *les trois premiers mois*.
8. on peut employer indifféremment **occorre** ou **bisogna** devant un infinitif pour traduire : *il faut*.

Malgré la documentation photographique apparue sur les quotidiens et sur les écrans de télévision, la plupart des gens n'y crurent pas, ou à tout le moins ne réalisèrent pas le caractère exceptionnel et la sinistre signification des accidents. On parla d'« explosions », d'« éboulis », d'« éruptions volcaniques ».

Aucun autre épisode alarmant n'eut lieu au cours des trois mois suivants. Après quoi, l'infection reprit avec violence, en s'étendant, telle une épidémie éclair, aux quatre coins de la Terre.

Faut-il relater ce qui est arrivé récemment en Amérique, en Asie, en Australie, en Afrique ? Ne suffit-il pas de ce qui est arrivé ici à Milan ?

C'est le 5 juin dernier, dans la zone de Magenta-Sempione, que d'innombrables objets et aménagements en matières plastiques, notamment ceux en « lurone », ont commencé à fermenter et à se dilater. En l'occurrence, le processus a été lent. Le manche d'un couteau normal de table a mis une semaine pour prendre un diamètre de dix centimètres.

Tout d'abord, ce fut seulement la stupeur et l'hilarité, puis le malaise et l'effarement, et aujourd'hui, c'est la terreur qui s'est déchaînée.

Les gens compétents tentent de calmer le public en expliquant qu'il s'agit d'une singulière réaction chimique, en vertu de laquelle les atomes et les molécules, au lieu de se resserrer, comme dans le cas cité de la petite table, se séparent soudainement les uns des autres, de sorte qu'un objet de la dimension d'une savonnette peut grossir jusqu'aux proportions d'un tonneau et au-delà.

---

9. syn. : **successo.**
10. la zone Magenta-Sempione est située dans la partie nord-ouest de Milan.
11. mot accentué sur l'antépénultième ; cependant, deux plur. possibles : **manici** et **manichi**.
12. **da** indique ici l'usage ; cf. : **il vestito da estate.**
13. **assumere, assunsi, assunto.**
14. cf. note 9, page 147.
15. forme elliptique = **spiegando che si trattava.**
16. **per cui** = **per la quale** : *en raison de laquelle* ; **per cui** en début de phrase signifie *c'est pourquoi, en conséquence.*
17. enclise avec l'infinitif.
18. **da** indique ici tout naturellement l'éloignement.

Immaginate che un pupazzo del vostro bambino cresca[1] a dismisura, raggiungendo la corporatura di un elefante. In proporzione si gonfiano[2] la sedia, il televisore, il frigo, l'intelaiatura delle finestre, la cabina dell'ascensore. Le famiglie sono costrette[3] a lasciare le case, invase[4] da quei[5] cosi terrificanti. Una demoniaca forza si direbbe prema dentro di essi, gonfiandoli senza tregua. E non vale[6] spaccarli, non valgono[7] gli acidi corrosivi né i lanciafiamme, né gli esplosivi. I frammenti a loro volta inturgidiscono in forme repellenti a vedersi, formano massa, spingono[8], scardinano ogni ostacolo. Le pareti delle case crepano e dalle fenditure erompono e colano i letti, i divani, le masserizie, i vestiti.

Soltanto le vecchie case attrezzate[9] con mobili di legno sono ancora abitabili : là dove gli inquilini, messi sull'avviso in tempo, hanno potuto sbarazzarsi di ogni oggetto fatto con i dannati polimeri.

Oltremodo penosa, come è facile immaginare, è la situazione di tutte le persone alle quali parti di visceri o di ossa[10] sono state sostituite con fac-simili di plastica. Solo a Milano se ne contano oltre cinquantamila. Senza preavviso di alcun genere quegli organi artificiali si ingrossano enormemente nel giro di pochi[11] minuti secondi[12], dilacerando i meschini dall'interno all'esterno. Le vittime si contano già ad oltre seimila.

Ma lo spettacolo più allucinante è offerto dagli edifici costruiti essi stessi con materie plastiche. Il grande Auditorium municipale, circa un chilometro a sud dell'abbazia di Chiaravalle[13], è ormai diventato un mostro che eleva la sua tumida gobba sull'orizzonte della devastata città.

---

1. subj. après un verbe indiquant une hypothèse.
2. accord avec les sujets réels **la sedia, il televisore, il frigo,** etc.
3. p. p. irrég. de **costringere, costrinsi, costretto**.
4. p. p. irrég. de **invadere, invasi, invaso**.
5. sing. **quello**, qui devient quel devant un mot masc. commençant par une consonne autre que s impur ou z.
6. syn. : **non serve.** 3e pers. du sing. du prés. irrég. de **valere, valsi, valso** (valgo, vali, vale, valiamo, valete, valgono). Le v. est au sing. car le sujet réel est l'infinitif **spaccarli**.
7. le v. est maintenant au plur. car il s'accorde avec les sujets réels : **acidi... lanciafiamme** et **esplosivi**.
8. prés. ind. de **spingere, spinsi, spinto**.

Imaginez qu'un des baigneurs de votre enfant grandisse démesurément, en atteignant la masse d'un éléphant. Dans la même proportion, on voit se gonfler la chaise, le téléviseur, le réfrigérateur, le châssis des fenêtres, la cabine d'ascenseur. Les familles sont contraintes à quitter leurs maisons, envahies par ces choses terrifiantes. On dirait qu'une force démoniaque les presse de l'intérieur, les gonfle sans arrêt. Et il ne sert à rien de les casser, ni les acides corrosifs, ni les lance-flammes, ni les explosifs ne servent à quoi que ce soit. Les fragments, à leur tour, enflent en prenant des formes repoussantes à voir, forment masse, poussent, font sauter tout obstacle. Les murs des maisons se fendent et, des fissures, jaillissent et coulent les lits, les divans, le mobilier, les vêtements.

Seules les vieilles maisons équipées de meubles en bois sont encore habitables : là où les locataires, mis en garde à temps, ont pu se débarrasser de tout objet fait de ces damnés polymères.

Extrêmement pénible, comme on peut facilement l'imaginer, est la situation de toutes les personnes auxquelles des parties de viscères ou d'os ont été remplacées par des prothèses en plastique. Rien qu'à Milan, on en compte plus de cinquante mille.

Sans préavis d'aucune sorte ces organes artificiels grossissent énormément en l'espace de quelques secondes, déchirant les malheureux de l'intérieur vers l'extérieur. On compte déjà plus de six mille victimes.

Mais le spectacle le plus hallucinant est offert par les bâtiments construits eux-mêmes en matières plastiques. Le grand Auditorium municipal, à un kilomètre environ au sud de l'abbaye de Chiaravalle, est maintenant devenu un monstre qui élève sa bosse tuméfiée sur l'horizon de la ville dévastée.

---

9. cf. **l'attrezzatura** : *l'équipement*; **le attrezzature sportive** : *les équipements sportifs*; **l'attrezzo** : *l'outil*; **gli attrezzi del falegname** : *les outils du menuisier.*

10. sing. **osso** ; deux pluriels : **gli ossi del manzo** : *les os de bœuf*; **le ossa dell'uomo** : *les os de l'homme.*

11. on peut traduire le français *quelques* de quatre manières ; *dans quelques semaines* peut donc se dire : **tra qualche settimana** (notez le sing.), **tra alcune settimane, tra parrecchie settimane** (avec la nuance qu'il se passera un bon nombre de semaines), **tra poche settimane** (avec la nuance que peu de semaines s'écouleront).

12. **i minuti secondi** : *les secondes*; **i minuti primi** : *les minutes.*

13. l'abbaye de **Chiaravalle Milanese**, célèbre abbaye fondée par saint Bernard, s'élève dans la banlieue de Milan.

Da un paio di giorni[1], come una immane bolla di *chewing-gum*, la sua sommità[2] sta dilatandosi[3] a forma di fungo e pencola pericolosamente da un lato, proprio in corrispondenza dell'abbazia, la quale può darsi[4] entro domani rimanga interamente sepolta[5].

Di giorno in giorno, fatalmente, anche i servizi pubblici vengono meno. Per primi, i telefoni sono stati messi fuori combattimento. Poi è mancata la luce[6]. Ora anche gli acquedotti restano qua e là strozzati[7] dalle abbiette escrescenze. Turbe[8] impazzite[9] vagano intorno, non sapendo dove trovare scampo[10]. Sterminati accampamenti di fuggiaschi si estendono nelle residue campagne.

Di giorno in giorno, di ora in ora, le sirene dei pompieri[11], delle auto ed eliambulanze si fanno più rare, le urla[12] e le invocazioni più fioche. E la cosa forse più terrificante è il silenzio di tomba in cui l'universale tumore prolifera e invade[13], annientandolo[14], il felice paradiso dell'uomo.

---

1. ▲ italianisme à retenir : **fra un paio di settimane** : *dans deux semaines.*
2. inv. comme tous les subst. accentués sur la dernière syllabe ; **la città, le città** : *la ville, les villes* ; **la metà, le metà** : *la moitié, les moitiés.*
3. la forme progressive est rendue par **stare** + le gérondif : **sta dicendo qualche cosa** : *il est en train de dire quelque chose.*
4. **può darsi :** est toujours suivi du subj.
5. p. p. irrég. de **seppellire (-isco), seppellii, sepolto**.
6. *l'électricité* se traduit généralement par **la luce**.
7. **strozzare :** 1er sens, *étrangler* : **e stato strozzato da un delinquente** : *il a été étranglé par une crapule* ; **la strozzatura** : *l'étranglement* et... **lo strozzino** : *l'usurier.* Autre sens, *obstruer* :

Depuis deux jours, comme une énorme bulle de chewing-gum, son sommet est en train de se dilater en forme de champignon et penche dangereusement d'un côté, juste en face de l'abbaye, qui peut-être sera ensevelie d'ici demain.

De jour en jour, fatalement, les services publics font défaut, eux aussi. Les premiers, les téléphones ont été mis hors combat. Puis c'est l'électricité qui est venue à manquer. Maintenant même les aqueducs restent çà et là obstrués par les excroissances abjectes. Des foules affolées errent dans les parages, ne sachant où trouver refuge. D'immenses campements de réfugiés s'étendent dans ce qui reste de campagne.

De jour en jour, d'heure en heure, les sirènes des pompiers, des voitures d'ambulance et des ambulances-hélicoptères se font plus rares, les hurlements et les appels au secours plus faibles. Et la chose peut-être la plus terrifiante, c'est le silence de tombe dans lequel la tumeur universelle prolifère et envahit, en l'anéantissant, le paradis heureux de l'homme.

---

il tubo dell'acqua è rimasto strozzato dai residui : *la conduite d'eau a été obstruée par les restes.*

8. **la turba :** *la bande* ; le turbe : *la foule.*
9. **impazzito :** *affolé, devenu fou*, au sens propre ou figuré ; pazzo : *fou.*
10. cf. cercare scampo : *chercher une issue* ; non c'è scampo : *il n'y a pas d'issue* ; scampare il pericolo : *échapper au péril.*
11. syn. i vigili del fuoco (sing. il vigile).
12. sing. urlo ; au plur. on dit gli urli degli animali : *les hurlements des animaux* ; et le urla dell'uomo : *les hurlements de l'homme.*
13. prés. ind. de **invadere, invasi, invaso**.
14. cf. niente : *rien* ; l'annientamento : *l'anéantissement.*

L'ubiquo[1]

L'ubiquiste

Sono ancora in dubbio[2] se parlarne[3] o no al mio direttore. Mi è capitata una cosa fantastica e terribile.

Non è che[4] non mi fidi[5] del mio direttore. Ci conosciamo da tanti anni. So che mi vuole bene[6]. Mai mi farebbe una cattiveria. Figurarsi[7] se mi vorrebbe[8] rovinato. Ma il giornalismo è una maledetta passione. Un giorno o l'altro, senza volerlo, perché[9] il giornale faccia bella figura, garantito che mi metterebbe nei guai[10].

Nel mio caso non c'è prudenza che basti[11]. È già un rischio scrivere questa pagina di diario[12]. Se capitasse[13] sotto gli occhi di qualcuno, e la notizia andasse in giro[14], chi mi potrebbe salvare ?

Tutto è la conseguenza di una mia vecchia mania. Ho sempre avuto un debole[15] per la letteratura nera, la magia, le storie di spiriti, i misteri. La mia piccola biblioteca non è fatta d'altro.

Fra i libri che posseggo[16] ce n'è uno, manoscritto, formato in folio[17], di oltre duecento pagine, vecchio di almeno un secolo. Il frontespizio, come accade per molti volumi antichi, è stato strappato. Tutto il resto è una ininterrotta successione di parole di tre, quattro e cinque lettere, in caratteri corsivi latini, assolutamente incomprensibili. Faccio un esempio, ad apertura di pagina : « Pra fbee silon its tita shi dor dor sbhsa cpu snun eas pioj umeno kai... »

---

1. **ubiquo** est un adjectif rarement employé ; l'italien préfère **ubiquista** qui est à la fois adjectif et substantif.
2. **essere in dubbio :** m. à m. *être dans le doute*, expr. très usitée, à retenir. Autres expr. : **non c'è dubbio che** : *il n'y a pas de doute* ; **fuor di dubbio** : *il est hors de doute.*
3. **se parlarne :** tournure elliptique équivalente à **se ne devo parlare.**
4. **non è che** est toujours suivi du subj.
5. construction ; **mi fido di te** : *je me fie à toi, j'ai confiance en toi.*
6. lorsqu'il s'agit d'une personne, on emploie l'expr. **voler bene a qualcuno** : *aimer quelqu'un...* ou *l'aimer bien.* A noter que même pour parler d'amour proprement dit, les Italiens emploient rarement le verbe **amare.**
7. infinitif à valeur d'impératif.
8. 3e personne du cond. irrég. de **volere, volli, voluto** (vorrei, vorresti, vorrebbe, vorremmo, vorreste, vorrebbero).

Je me demande encore si je dois en parler ou non à mon directeur. Il m'est arrivé une aventure fantastique et terrible.

Ce n'est pas que je n'aie pas confiance en mon directeur. Nous nous connaissons depuis bien des années. Je sais qu'il m'aime bien. Jamais il ne me ferait une méchanceté. Pensez donc s'il voudrait ma perte ! Mais le journalisme est une sacrée passion. Un jour ou l'autre, sans le vouloir, pour que le journal fasse bonne figure, c'est sûr et certain qu'il me mettrait dans le pétrin.

Dans mon cas, on n'est jamais trop prudent. C'est déjà un risque que d'écrire cette page de journal intime. Si elle tombait sous les yeux de quelqu'un et que la nouvelle se répandît, qui pourrait me sauver ?

Tout est la conséquence d'une vieille manie à moi. J'ai toujours eu un faible pour la littérature de série noire, la magie, les histoires de fantômes, les mystères. Ma petite bibliothèque ne comprend rien d'autre.

Parmi les livres que je possède, il y en a un, manuscrit, format in-folio, de plus de deux cents pages, vieux d'au moins un siècle. Le frontispice, comme cela arrive pour beaucoup de livres anciens, a été arraché. Tout le reste est une succession ininterrompue de mots de trois, quatre et cinq lettres, en caractères italiques latins, absolument incompréhensibles. En voici un exemple, pris au hasard : « Pra fbee silon its tita shi dor dor sbhsa cpu snun eas pioj umeno kai... »

---

9. **perché** suivi du subj. signifie toujours *pour que*.
10. sing. **guaio**, cf. l'expr. très usitée : **essere in un mare di guai** : *être dans des tas d'ennuis*.
11. subj. après une principale négative.
12. **il diario** est aussi *l'agenda scolaire* qu'utilisent les élèves, en Italie, l'équivalent du cahier de textes.
13. **se** est suivi du subj. imparfait, car la principale est au conditionnel.
14. **andare in giro :** *se promener*, *circuler*, d'où, au sens figuré, *se répandre*.
15. cf. l'expr. **conosco il mio debole** : *je connais mon faible*.
16. on rencontre aussi la forme **possiedo** ; **possedere** se conjugue comme **sedere**.
17. format d'un livre d'environ 43 cm de haut.

Lo trovai da un robivecchi[1] di Ferrara[2], parecchi anni fa. Lui non ci dava alcuna importanza. Un competente mi spiegò che era uno dei cosiddetti[3] « tabulari segreti » che cominciarono a diffondersi nel Seicento[4]. Il loro testo, a detta dei negromanti, era frutto[5] di rivelazione. E il segreto consisteva in questo : che nella monotona e interminabile serie di vocaboli privi[6] di senso, a un certo punto si trovava una formula magica, apparentemente simile a tutto il resto. Bastava leggerla una volta ad alta voce per essere investiti da facoltà sovrumane, quella di predire il futuro, per esempio, o di leggere nel pensiero altrui[7]. La difficoltà consisteva[8] nell'identificare la formula in quello sterminato caos.

Si poteva pensare che, per imbroccare le parole fatidiche, la cosa più semplice fosse[9] quella di leggere ad alta voce il libro dalla prima all'ultima pagina, a costo di[10] impiegarci dei mesi ; comunque ne valeva la pena.

Ma non era così. La formula funzionava soltanto se, nella lettura, non era preceduta da altre parole. Bisognava insomma cominciare proprio dalla parola giusta. Come scovare un ago in un pagliaio, date[11] le dimensioni del testo. Senza escludere la eventualità che l'ago non esistesse neanche.

Su cento autentici tabulari segreti — mi disse l'esperto — ce n'erano in giro almeno novantanove falsi. Qualcuno anzi pretendeva che ne fosse venuto al mondo uno solo e che tutti gli altri fossero delle mistificazioni. Di più : era dubbio se quell'unico esemplare fosse ancora attivo poiché la formula, utilizzata una volta, perdeva il suo potere.

---

1. **il robivecchi :** mot composé, inv., *celui qui achète* ou *revend de vieilles affaires* (**roba vecchia**).
2. **Ferrare**, ville de l'Émilie-Romagne, connue en particulier pour le château d'Este et le palais Schifanoia, célèbre par ses fresques.
3. **cosiddetto :** s'emploie pour attirer l'attention plus spécialement sur un mot ; dans le cas présent, pour ironiser.
4. depuis le **Duecento** (XIIIe siècle), les Italiens désignent les siècles d'après le chiffre des centaines du siècle en question : **il Seicento** comprend donc les années situées entre 1600 et 1699. On rencontre beaucoup plus rarement **il diciassettesimo secolo**.
5. ⚠ le mot *fruit* a deux traductions : **il frutto è sull'albero** : *le fruit est sur l'arbre* ; **i frutti del lavoro** : *les fruits du travail* et

Je l'ai trouvé chez un brocanteur de Ferrare, il y a plusieurs années. Lui n'y attachait aucune importance.

Un connaisseur en la matière m'expliqua que c'était un de ces prétendus « tabulaires secrets », qui commencèrent à se répandre au dix-septième siècle. Leur texte, au dire des nécromants, était le fruit d'une révélation. Et leur secret consistait en ceci : c'est que, dans la série monotone et interminable de termes dépourvus de sens, à un certain endroit, se trouvait une formule magique, apparemment semblable à tout le reste. Il suffisait de la lire une fois à haute voix pour être investi de facultés surhumaines, celle de prédire l'avenir, par exemple, ou de lire dans la pensée d'autrui. La difficulté consistait à identifier la formule dans ce chaos sans fin.

On pouvait penser que, pour tomber juste sur les mots fatidiques, la chose la plus simple était de lire à haute voix le livre, de la première à la dernière page, quitte à y passer des mois ; de toute façon, cela en valait la peine.

Mais il n'en allait pas ainsi. C'est seulement si, au cours de la lecture, elle n'était pas précédée d'autres mots, que la formule marchait. Il fallait, en somme, commencer exactement par le mot juste. Autant dire trouver une aiguille dans un tas de foin, étant donné les dimensions du texte. Sans exclure l'éventualité que l'aiguille n'existât même pas.

Sur cent tabulaires secrets authentiques — me dit l'expert — il y en avait en circulation au moins quatre-vingt-dix-neuf qui étaient faux. Certains prétendaient même qu'il en existait un seul au monde et que tous les autres étaient des mystifications. En outre, on pouvait se demander si cet unique exemplaire opérait encore, car si on l'avait utilisée une seule fois, la formule perdait tout son pouvoir.

---

la frutta : la frutta è in tavola : *les fruits sont sur la table.*
6. syn. : **senza** ; l'italien préfère souvent cette tournure : **privo d'aria, di luce, di vita** : *sans air, sans lumière, sans vie.*
7. litt., s'emploie dans quelques expr. : **il bene altrui** : *le bien d'autrui* ; **i fatti altrui** : *les affaires des autres.*
8. **consistere** se construit avec la prép. **in : la casa consiste in otto locali** : *la maison a huit pièces.*
9. subj. imparfait dans la subordonnée, car la principale exprime, à un temps du passé, une hypothèse.
10. m. à m. : *au risque* ; **lo ha fatto a costo di rimetterci la vita :** *il l'a fait au risque d'y perdre la vie.*
11. p. p. absolu, d'où l'accord avec le sujet fém. plur. : **le dimensioni.**

Comunque, più che altro per scaramanzia, avevo preso l'abitudine, tutte le sere prima di[1] coricarmi, di aprire il libro a caso[2] e di leggere, cominciando a capriccio, in un punto qualsiasi della pagina, un paio di righe ad alta voce.

Intendiamoci, non è che[3] io ci credessi. Era una specie di piccolo rituale propiziatorio. Non[4] si può mai[4] sapere. E mi costava poca[5] fatica.

Ebbene, la sera di giovedì 17 maggio corrente, dopo che ebbi letto a voce alta il passo serale scelto a caso (purtroppo non so più quale sia, perché al momento non avvertii niente di insolito e quindi non ne tenni nota) un cambiamento avvenne in me.

Me ne accorsi dopo qualche minuto. Era come una piacevole sensazione di leggerezza e vivacità fisica. Ne fui gradevolmente sorpreso. Non so come, di regola sono sempre così stanco.

Comunque, era tardi, non mi restava che andare a letto[6].

Mentre mi sfilavo la cravatta, mi venne in mente[7] di aver dimenticato di là, nello studio, il libro che volevo leggere a letto, precisamente *Capo Matapan*[8] di Ronald Seth[9], editore Garzanti.

Nel preciso istante mi trovai nello studio.

Come avevo fatto per arrivare fin là ? Io sono uno smemorato di professione, ma era assurdo non mi ricordassi di aver fatto il tragitto da una stanza all'altra. Eppure era così.

---

1. **prima di :** *avant de.*
2. **il caso :** 1) *le hasard* : è stato un caso : *ç'a été un hasard*; 2) *le cas* : in caso di malattia : *en cas de maladie.* Cf. expr. ci siamo incontrati per caso : *nous nous sommes rencontrés par hasard.* Mettiamo caso che non venga (subj.) : *supposons qu'il ne vienne pas.* In ogni caso, verrò io ! : *en tout cas, moi, je viendrai.* Caso mai succedesse (subj. imparfait) qualche cosa, avvertimi ! : *si jamais il arrivait quelque chose, avertis-moi !*; avranno sparlato di me, ma io non ci faccio caso : *ils ont peut-être dit du mal de moi, mais je n'y fais pas attention.*
3. **non è che** est toujours suivi du subj.
4. lorsque **mai** est placé après le verbe, le verbe doit être précédé de la négation **non**. On peut aussi trouver : **mai si può sapere** ! : *jamais, on ne peut savoir !* Dans ce cas, une seconde négation n'est pas nécessaire et la phrase a un ton plus emphatique.

Quoi qu'il en soit, plus pour conjurer le mauvais sort que pour autre chose, j'avais pris l'habitude, tous les soirs avant de me coucher, d'ouvrir le livre au hasard et de lire, en commençant au petit bonheur, à un endroit quelconque de la page, deux lignes à haute voix.

Entendons-nous bien, ce n'est pas que j'y croyais. C'était une espèce de petit rituel propitiatoire. On ne sait jamais. Et ce n'était guère fatigant.

Eh bien, le soir du jeudi 17 mai de cette année-ci, après avoir lu à haute voix le passage choisi au hasard pour ce soir-là (malheureusement, je ne sais plus lequel c'est, car, sur le moment, je ne ressentis rien d'insolite et, par conséquent, je n'en pris pas note) un changement survint en moi.

Je m'en aperçus quelques minutes plus tard. C'était comme une plaisante sensation de légèreté et de vivacité physique. J'en fus agréablement surpris. Je ne sais pas pourquoi, mais, d'habitude, je suis toujours si fatigué.

Quoi qu'il en soit, il était tard, je n'avais plus qu'à aller me coucher.

Pendant que j'ôtais ma cravate, il me vint à l'esprit que j'avais oublié à côté, dans mon bureau, le livre que je voulais lire au lit, précisément *Capo Matapan*, de Ronald Seth, édité chez Garzanti.

A cet instant précis, je me trouvai dans mon bureau.

Comment avais-je fait pour arriver jusque-là ? Je suis étourdi de nature, mais il était absurde que je ne me rappelle pas avoir fait le trajet d'une pièce à l'autre. Et pourtant, il en était ainsi.

---

5. m. à m. *cela me coûtait peu de fatigue* ; **poca** est adj. et s'accorde avec **fatica**.
6. **Vado a letto** : *je vais me coucher* (usage courant) ; le verbe **coricarsi** est beaucoup moins employé.
7. ⚠ italianisme à retenir.
8. Capo Matapan est le nom d'une bataille à laquelle Dino Buzzati a assisté, en 1940, en tant que correspondant de guerre. Après son décès, un recueil de ses articles est paru sous le titre *Cronache terrestri* ; l'un d'entre eux est intitulé *La vérité sur la guerre navale : Matapan*.
9. nom d'auteur inventé par Buzzati ; cependant, compte tenu du caractère de la nouvelle, il est intéressant de rappeler que, dans l'ancienne Égypte, Seth, frère d'Osiris, est le dieu de la destruction et du renversement de l'ordre.

Non ci feci caso[1], però. Sono così spesso via[2] con la testa. E mi capita di fare una cosa pensando a un'altra.

Ma il fenomeno si ripetè subito dopo, in forma più impressionante. Non avendo trovato il libro nello studio, mi ricordai di averlo dimenticato al giornale.

Nel preciso istante mi trovai al giornale, via Solferino 28[3]. Precisamente al secondo piano, nel mio ufficio, che era al buio.

Accesi[4] la luce, guardai l'ora. Le nove e venti[5]. Strano. Prima di levarmi la cravatta, mi ero tolto[6] l'orologio dal polso, avevo letto[7] l'ora chiaramente : le nove e diciotto. Impossibile che nel frattempo fossero passati appena due minuti.

Già.[8] Ma come ero venuto fin là ? Non ricordavo assolutamente nulla. Non ricordavo di essere uscito di casa[9], non ricordavo di aver preso l'auto, non ricordavo di aver fatto la strada, non ricordavo di essere entrato al giornale.

Che cosa stava accadendo ? Mi sentivo tutto sudato. Orribili dubbi si affacciavano[10]. Un annebbiamento[11] cerebrale ? O peggio ? Avevo sentito raccontare di ascessi o tumori[12] al cervello che si rivelano con sintomi[13] del genere.

Poi, di colpo nacque[14] un'idea assurda, ridicola, insensata, che però aveva questo di buono : di escludere l'ipotesi[15] di una malattia ; e perciò appariva rassicurante. Per di più corrispondeva in tutto e per tutto a ciò che mi era accaduto.

Ecco l'idea : che da casa al giornale mi fossi trasferito istantaneamente, per un fenomeno soprannaturale ?

---

1. cf. note 2, page 160.
2. **via** indique toujours une idée d'éloignement : **Ho dato via quel vestito** : *j'ai donné (ou vendu) cette robe* ; **Le hanno portato via l'anello** : *ils lui ont volé sa bague.*
3. Via Solferino 28 est toujours l'adresse, à Milan, de la rédaction du *Corriere della Sera.*
4. p. s. irrég. de **accendere, accesi, acceso :** *allumer* ; **accendere la luce, la radio, la TV ≠ spegnere, spensi, spento :** *éteindre.*
5. le mot ore est sous-entendu.
6. p. p. irrég. de **togliere, tolsi, tolto**.
7. p. p. irrég. de **leggere, lessi, letto**.
8. **già** exprime ici une constatation qu'on est obligé de faire, même si un doute reste. **Lo sai che c'è uno sciopero dei trasporti ? — Già, però penso di partire ugualmente :** *Tu sais*

Cependant, je n'y pris pas garde. J'ai si souvent la tête ailleurs. Et il m'arrive de faire une chose en pensant à une autre.

Mais le phénomène se répéta tout de suite après, de façon plus impressionnante. N'ayant pas trouvé mon livre dans le bureau, je me rappelai l'avoir oublié au journal.

À cet instant précis, je me trouvai au journal, 28, rue Solferino. Précisément au second étage, dans mon bureau, qui était dans l'obscurité.

J'allumai l'électricité, je regardai l'heure. Neuf heures vingt. Étrange. Avant d'enlever ma cravate, j'avais retiré ma montre de mon poignet, j'avais lu clairement l'heure : neuf heures dix-huit. Impossible que, dans l'intervalle, il ne se soit écoulé que deux minutes à peine.

C'est vrai. Mais comment étais-je venu jusque-là ? Je ne me souvenais absolument de rien. Je ne me souvenais pas d'être sorti de la maison, je ne me souvenais pas d'avoir pris ma voiture, je ne me souvenais pas d'avoir fait le chemin, je ne me souvenais pas d'être entré au journal.

Qu'est-ce qui était en train de se passer ? Je me sentais en nage. Des doutes horribles se présentaient à mon esprit. Un obscurcissement cérébral ? Ou pire ? J'avais entendu parler d'abcès ou de tumeurs au cerveau qui se révèlent par des symptômes de ce genre.

Puis, tout à coup, il me vint une idée absurde, ridicule, insensée, qui, pourtant, avait ceci de bon qu'elle excluait l'hypothèse d'une maladie, et, pour cette raison, elle paraissait rassurante. De surcroît, elle correspondait en tout et pour tout à ce qui m'était arrivé.

L'idée était la suivante : est-ce que je me serais transporté instantanément de chez moi au journal par un phénomène surnaturel ?

---

qu'il y a une grève des transports ? — En effet, mais je pense partir quand même.

9. **uscire di casa :** *sortir de chez soi* ; **uscire dalla casa dei signori Brambilla** : *sortir de chez les Brambilla*.

10. **si affaccia alla finestra** : *elle se montre à la fenêtre* (sens propre) ; **mi si affaciò alla mente un ricordo meraviglioso** : *un merveilleux souvenir se présenta à mon esprit.*

11. cf. **la nebbia** : *le brouillard* ; **annebbiare** : *embrumer* ; **il cielo è annebbiato** : *le ciel est embrumé* ; **ha gli occhi annebbiati dalle lacrime** : *il a les yeux brouillés de larmes.*

12. sing. **il tumore.**

13. sing. **il sintoma.**

14. p. s. irrég. de **nascere, nacqui, nato** (**nacqui, nascesti, nacque, nascemmo, nasceste, nacquero**).

15. inv., comme tous les mots sing. terminés par **i** ; **la crisi** : *la crise.*

Che[1] quella sera avessi imbroccato[2] nel manoscritto la formula giusta e avessi acquistato il leggendario dono dell'ubiquità ?

Era una fantasia puerile, una idiozia. Ma perché non fare subito una prova[3] ? Pensai : voglio ritrovarmi a casa mia.

È molto difficile rendere con le parole il sentimento di chi all'improvviso passa dal mondo reale che tutti conosciamo in una sfera diversa e misteriosa. Non ero più un uomo, ero qualcosa di più, possedevo un potere[4] immenso, quale nessuno aveva mai goduto.

Di colpo, infatti, mi ero ritrovato a casa mia. Segno che veramente ero in grado di[5] spostarmi[6] da un luogo all'altro con una velocità superiore a quella della luce. E non c'era ostacolo che mi fermasse. Potevo schizzare[7] da un paese all'altro, potevo introdurmi nei luoghi[8] più reconditi e proibiti, potevo insinuarmi nelle camere blindate delle banche[9], nella casa dei potenti, nell'alcova delle più belle donne del mondo.

Ma era poi vero ? Mi sembrava impossibile. Mi sembrava un sogno. Non riuscivo ancora a capacitarmene fino in fondo. Feci qualche altra prova. Voglio trovarmi in bagno, pensai. E fui nel bagno. Voglio trovarmi in piazza del Duomo[10]. E mi trovai. Voglio trovarmi a Shanghai. E fui a Shanghai.

Era una lunga strada di baraccamenti, c'erano cattivi odori, il sole stava sorgendo.

Perbacco, mi dissi, ce n'ho messo per venire fin qui, altro che la velocità del pensiero.

---

1. **che** + subj. imparfait... ? : formulation familière d'une hypothèse, style parlé ; ex. : **che fosse già nato il bambino ?** : *est-ce que l'enfant serait déjà né ?*
2. de **brocco** : *la pointe métallique* au centre d'un bouclier ; **dare nel brocco** : *mettre dans le mille* ; **imbroccare** : *toucher la cible, faire mouche, deviner.*
3. **la prova** : *l'essai, le test, la preuve, l'expérience, l'épreuve* : **le prove dell'esame** : *les épreuves de l'examen.* **Provare** : *essayer* ; **prova a capire** : *il essaie de comprendre* ; **prova un vestito nuovo** : *elle essaie une robe neuve.*
4. **godere un potere** : *jouir d'un pouvoir* ; **godere l'aria pura delle montagne** : *jouir de l'air pur des montagnes* (notons la construction transitive en italien et intrans. en français).
5. syn. **essere capace di** : *être capable de.*
6. syn. **cambiare posto** : *changer de place* ; de la même

Est-ce que, ce soir, je serais tombé, dans le manuscrit, sur la bonne formule et aurais-je acquis le légendaire don d'ubiquité ?

C'était de l'imagination puérile, une idiotie. Mais pourquoi ne pas faire tout de suite un essai ? Je pensai : je veux me retrouver chez moi.

Il est très difficile de rendre avec des mots le sentiment de celui qui, soudain, passe du monde réel que nous connaissons tous dans une sphère différente et mystérieuse. Je n'étais plus un homme, j'étais quelque chose de plus, je possédais un immense pouvoir, dont personne n'avait jamais joui.

Tout à coup, en effet, je m'étais retrouvé chez moi. Signe que j'étais vraiment capable de me déplacer d'un lieu à l'autre à une vitesse supérieure à celle de la lumière. Et il n'y avait pas d'obstacle susceptible de m'arrêter. Je pouvais m'élancer d'un pays à l'autre, je pouvais m'introduire dans les lieux les plus secrets et les plus défendus, je pouvais me glisser dans les chambres fortes des banques, dans la maison des puissants du jour, dans l'alcôve des plus belles femmes du monde.

Mais, finalement, était-ce bien vrai ? Cela me semblait impossible. Cela me semblait un rêve. Je n'arrivais pas encore à m'en persuader complètement. Je fis quelques autres essais. Je veux me trouver dans ma salle de bains, pensai-je. Et je fus dans ma salle de bains. Je veux me trouver place du Dôme. Et je m'y trouvai. Je veux me trouver à Shanghai. Et je fus à Shanghai.

C'était une longue rue avec des baraquements, il y avait de mauvaises odeurs, le soleil se levait.

Sacrebleu, me dis-je, j'en ai mis du temps pour venir jusqu'ici, ce n'est pas la vitesse de la pensée.

---

famille, **lo spostamento** : *le déplacement* ; **lo spostamento degli uffici ha creato una grande confusione** : *le déplacement des bureaux a créé une grande confusion.*

7. autres emplois : **lo champagne schizza** : *le champagne gicle* ; **il cervo schizza fuori dalla macchia** : *le cerf bondit du fourré* ; **il suo cappotto è stato schizzato di fango** : *son manteau a été éclaboussé de boue.*

8. sing. **luogo** (les mots de deux syllabes terminés par **-co** ou **-go**, sauf **greco** et **porco**, sont terminés au plur. par **-chi** ou **-ghi**).

9. sing. **banca**. Tous les mots féminins terminés par **-ca** ou **-ga** ont au plur. leur terminaison en **-che** ou **-ghe**.

10. cf. **Santa Maria del Fiore, il Duomo di Firenze** : *Sainte Marie des Fleurs, la cathédrale de Florence* ; le mot **cattedrale** se rencontre plus rarement.

Poi mi ricordai la faccenda[1] dei fusi orari. Qui era l'alba, a Milano non ancora le dieci di sera.

Vidi, nella strada, un formicolío di uomini e donne che si affrettavano[2] nella stessa direzione. Cominciarono a guardarmi. Il mio vestito, certo, stonava[3]. Poi un gruppetto mi si fece incontro in atteggiamento inquisitorio ; due erano in uniforme militare. Ebbi paura. Pensai : voglio essere a casa mia, a Milano. E fui a casa.

Avevo il cuore in gola[4]. Ma che esultanza trionfale dentro di me. Mi si apriva un avvenire meraviglioso di avventure, di sorprese, di voluttà, di successi mondiali.

Pensavo al mio mestiere di giornalista. Altro che[5] Stanley[6], altro che il vecchio Luigi Barzini[7], altro che radiofoto e telescriventi. Un terremoto nel Colorado ? Immediatamente io ero lí sul posto, di là dagli sbarramenti della polizia, con la mia macchina fotografica. Dieci minuti dopo eccomi in redazione a scrivere. Una crisi al Cremlino ? Tac, e mi appostavo dietro un mobile col magnetofono, registrando la sfuriata di Kruscev[8]. Una burrasca in casa di Liz Taylor[9] ? Bastava il pensiero, già mi trovavo nella sua camera da letto, dietro una tenda, col mio apparecchio registratore. Al paragone del « Corriere »[10] anche il « New York Times »[11] avrebbe fatto[12] la figura del novellino.

Pensai anche alla ricchezza. Sì, potevo entrare nelle banche, nei negozi dei gioiellieri, nei depositi sotterranei di Fort Knox[13], potevo portare via miliardi e miliardi. Ma ci pensai per poco.

---

1. cf. expr. ma che faccenda è questa ! : *Mais quelle histoire !*; è una faccenda ingarbugliata : *c'est une histoire embrouillée.*
2. de la fretta : *la hâte*; avere fretta : *avoir hâte*; essere in fretta : *être pressé.*
3. autre sens, sono stonato : *je chante faux.*
4. ⚠ italianisme à retenir.
5. **altro che :** italianisme, pour indiquer que ce dont on parle est supérieur à ce que l'on vous proposait ou que l'on imaginait. Un viaggio in Cina ! Altro che una vacanza sulla Riviera ! : *un voyage en Chine ! Rien à voir avec des vacances sur la Côte.*
6. nom de plume de James Rowlands (1841-1904), journaliste anglais, qui explora particulièrement le continent africain.
7. Il y a deux Luigi Barzini, journalistes de renom : le père et le fils ; ici, il s'agit, bien entendu, du père qui accomplit Paris-Pékin en 1907 en automobile.

Puis, je me rappelai l'histoire des fuseaux horaires. Ici, c'était l'aube, à Milan, il n'était pas encore dix heures du soir.

Je vis, dans la rue, un fourmillement d'hommes et de femmes qui se pressaient dans la même direction. Ils commencèrent à me regarder. Mon accoutrement, certes, détonnait. Puis un petit groupe vint à ma rencontre avec un air inquisiteur ; deux d'entre eux étaient en uniforme militaire. Je pris peur. Je pensai : je veux être chez moi, à Milan. Et je fus chez moi.

J'avais le cœur battant. Mais quelle allégresse triomphale j'éprouvais intérieurement ! C'est que s'ouvrait devant moi un merveilleux avenir d'aventures, de surprises, de voluptés, de succès mondiaux.

Je pensais à ma profession de journaliste. Rien à voir avec Stanley, avec le vieux Luigi Barzini, avec les bélinogrammes et les téléscripteurs ! Un tremblement de terre au Colorado ? Immédiatement j'étais là-bas, sur place, au-delà des barrages de police, avec mon appareil photo. Dix minutes après, me voici à la rédaction, à écrire. Une crise au Kremlin ? Pan ! Je me postais derrière un meuble avec un magnétophone, et enregistrais l'algarade de Khrouchtchev. Une tempête chez Liz Taylor ? Il suffisait d'y penser, et je me trouvais déjà dans sa chambre à coucher, derrière un rideau, avec mon appareil enregistreur. Comparé au *Corriere*, même le *New York Times* ferait figure de petit canard.

Je pensai aussi à la richesse. Oui, je pouvais entrer dans les banques, dans les boutiques des joailliers, dans les dépôts souterrains de Fort Knox, je pouvais emporter des milliards et des milliards. Mais je n'y pensai pas longtemps.

---

8. Khrouchtchev : premier secrétaire du parti communiste, puis président du Conseil de l'Union soviétique de 1958 à 1964.
9. Liz (Elisabeth) Taylor : actrice de cinéma anglaise, dont le mariage avec l'acteur Richard Burton connut bien des moments tapageurs.
10. **Il Corriere della sera** : grand quotidien milanais.
11. grand quotidien diffusé surtout sur la Côte Est des États-Unis, équivalent du *Corriere della sera* ou du *Monde*.
12. le paragraphe est à un temps du passé, l'italien emploie donc dans la subordonnée le cond. passé pour rendre l'hypothèse.
13. à Fort Knox se trouve entreposée la réserve d'or des États-Unis.

Che mi interessavano[1] i miliardi ? Perché avrei dovuto rubare ? Il giornale mi paga a peso d'oro. Le commedie ogni anno mi fruttano decine di milioni. E la pittura[2] ? Solo con i miei quadri, posso farmela da gran signore.

L'amore piuttosto, la lussuria. Non c'era donna che potesse più sottrarsi a me, per sdegnosa che fosse. Anzi, perché non far subito la prova ? Pensai : voglio trovarmi in letto con A. S. (non faccio il nome, dopotutto sono un gentiluomo).

Mi ci trovai, parola d'onore. Lei dormiva, da sola. La stanza era al buio, dalle tapparelle[3] filtrava qualche riflesso dei lampioni.

Senonché mi resi conto di essere vestito ancora di tutto punto, con scarpe e tutto. Nel letto di una bella donna con le scarpe ! E misurai la follía di quanto stavo facendo.

In quel mentre l'adorabile creatura si rivoltò nel sonno, urtandomi. Si risvegliò[4], intravide, cacciò un urlo spaventoso. Pensai : subito a casa, e di volata.

Qui, nella quiete delle domestiche mura[5], mi si rivelò finalmente il terribile rischio che correvo. Guai se si fosse saputo che esisteva un uomo dotato delle mie prodigiose facoltà. Vi immaginate il terrore dei capi di stato, dei potenti, dei condottieri[6] ? Sapere che da un momento all'altro io potevo piombargli alle spalle con un pugnale, e non c'era difesa possibile. La mia vita non sarebbe valsa più un centesimo.

---

1. style parlé. Cf. che m'importa ? : *qu'est-ce que ça peut bien me faire ?*
2. cf. il pittore : *le peintre*; v. dipingere, dipinsi, dipinto.
3. **le tapparelle :** *les stores*; le persiane : *les volets*; gli avvolgibili : *les volets roulants*; la saracinesca : *le rideau de fer*; gli scuri : *les volets intérieurs*; le veneziane : *les stores à lamelles*; le gelosie : *les jalousies.*
4. **svegliare :** *éveiller*; il padre sveglia i figli : *le père réveille ses enfants*; Risvegliarsi/svegliarsi : *se réveiller*; mi sono risvegliato per tempo : *je me suis réveillé de bonne heure*; La sveglia : *le réveil*; Ho caricato la sveglia e la ho regolata per svegliarmi alle sette : *j'ai remonté mon réveil et je l'ai réglé pour me réveiller à sept heures.*
5. **il muro** a deux pluriels ; le mura di casa = le pareti di casa : *les murs de la maison*; le mura di Roma : *les murs de Rome*

A quoi bon des milliards ? Pourquoi devrais-je voler ? Mon journal me fait des ponts d'or. Mes comédies me rapportent, chaque année, des dizaines de millions. Et ma peinture ? Rien qu'avec mes tableaux, je peux mener la vie grand train.

L'amour plutôt, la luxure. Aucune femme ne pourrait plus se dérober à moi, si dédaigneuse qu'elle fût. Et même, pourquoi ne pas en faire tout de suite l'essai ? Je pensai : je veux me trouver au lit avec A. S. (je ne donne pas son nom, après tout, je suis un gentleman).

Je m'y trouvai, parole d'honneur. Elle dormait, toute seule. La pièce était dans l'obscurité, les stores laissaient filtrer quelques reflets des réverbères...

Mais je me rendis compte que j'étais toujours habillé de pied en cap, avec mes chaussures et tout. Dans le lit d'une belle femme avec des chaussures ! Et je mesurai la folie de ce que j'étais en train de faire.

Sur ces entrefaites, l'adorable créature se retourna dans son sommeil en me bousculant. Elle se réveilla, entrevit quelque chose, poussa un hurlement terrible. Je pensai : tout de suite à la maison, et en vitesse !

Ici, dans le calme des murs domestiques, je pris finalement conscience du risque terrible que je courais. Malheur à moi si on apprenait qu'il existait un homme doué de mes prodigieuses facultés. Vous vous imaginez la terreur des chefs d'État, des puissants, des chefs de bande ? Savoir que, d'un moment à l'autre, je pouvais leur tomber dessus avec un poignard et qu'il n'y avait aucune défense possible. Ma vie ne vaudrait plus un centime.

(qui entourent Rome) ; **costruiamo questi tre muri** : *construisons ces trois murs.*

6. **il condottiero** (en français *condottiere*) durant la Renaissance, chef d'une compagnie de mercenaires. Il avait un pouvoir absolu sur ses soldats et se mettait au service de l'État qui le lui demandait. Parmi eux, citons Muzio Attendolo Sforza (1369-1424), premier des Sforza, plus tard ducs de Milan ; Francesco Bussone, dit il Carmagnola, à la solde de Filippo Maria Visconti, duc de Milan (1380-1432), puis des Vénitiens, il vainquit Visconti, et fut exécuté par les Vénitiens ; le Connétable de Bourbon, qui fut tué au début du sac de Rome (1527) ; Giovanni de' Medici, dit Giovanni delle Bande nere (1498-1526), père de Côme le Grand, premier grand-duc de Toscane.

Ebbene, sono passati dodici giorni e non ho più ripetuto l'esperimento[1]. Continuo la solita vita di lavoro, ma ho perso la pace dell'animo. Un pensiero mi assilla : sarò capace di resistere alla tentazione di sfruttare il mio potere segreto ? Non mi farò vedere in giro per il mondo ? Non finirò per tradirmi ?

Anche la prospettiva delle donne si va facendo[2], più ci penso, inverosimile[3]. Anche ammesso che[4] questa[5] o quella[5] beltà[6] mi vedano comparire dinanzi mentre sono in letto o fanno il bagno, perché mai dovrebbero compiacermi ? Farebbero il diavolo a quattro, getterebbero l'allarme, non mi resterebbe che sloggiare.

In quanto ai successi in giornalismo, fatalmente durerebbe[7] poco. Dopo le prime sensazionali prestazioni, si diffonderebbe il panico[8], verrebbero[9] organizzate delle inchieste, la mia comparsa[10], in qualsiasi[11] punto del globo, verrebbe subito segnalata, si finirebbe per identificarmi. E allora addio, Dino Buzzati. Una rivoltellata nella nuca, o una bella dose di cianuro non te la toglierebbe[12] più nessuno.

Ora mi dico : in questa situazione, va bene l'attaccamento al giornale, l'amore del mestiere, il desiderio di gloria, ma se poi ci rimetto la pelle[13] ? Se[14] ne parlassi al direttore, lo so, lui mi utilizzerebbe con discrezione estrema, in modo da non dare nell'occhio[15]. Ma si sa : oggi una mano, domani un braccio. Se lui un giorno mi chiedesse, per il bene del giornale, una prova difficile, potrei essere così vile da tirarmi indietro ?

---

1. pour traduire le mot français *expérience*, l'italien emploie **esperimento** plutôt dans le sens de **esperimento scientifico**, *expérience scientifique* et **esperienza** dans les autres sens : **è un uomo di molta esperienza** : *c'est un homme de beaucoup d'expérience*.
2. **si va facendo** = **si sta facendo**.
3. ≠ **verosimile** : *vraisemblable*.
4. **ammesso che** est toujours suivi du subj.
5. syn. : **una o l'altra**.
6. **beltà** : poétique, employé au lieu de **bellezza**.
7. le sujet sous-entendu est **questo**, d'où le sing.
8. plur. **panici** ; mot accentué sur l'antépénultième.
9. auxiliaire **venire**, car l'action serait subie, le v. est à la 3e personne du plur. car le sujet réel est **inchieste**.
10. subst. vient du v. **comparire, comparvi, comparso** : *apparaître*.

Eh bien, douze jours sont passés et je n'ai plus répété l'expérience. Je continue mon habituelle vie de travail, mais j'ai perdu la paix de l'âme. Une pensée me hante : serai-je capable de résister à la tentation d'exploiter mon pouvoir secret ? Ne me ferai-je pas voir un peu partout de par le monde ? Ne finirai-je pas par me trahir ?

Même la perspective des femmes, plus j'y pense, devient invraisemblable. Même en admettant que telle ou telle beauté me voie surgir devant elle pendant qu'elle est au lit ou dans son bain, pourquoi devrait-elle se rendre à mes désirs ? Elle ferait le diable à quatre, elle donnerait l'alarme et il ne me resterait plus qu'à déguerpir.

Quant aux succès journalistiques, fatalement, ils seraient de courte durée. Après les premiers services sensationnels, la panique se répandrait, on procéderait à des enquêtes ; mon apparition, en n'importe quel point du globe, serait tout de suite signalée, on finirait par m'identifier. Et alors, adieu Dino Buzzati. Un coup de revolver dans la nuque ou une bonne dose de cyanure, personne ne pourrait plus t'en préserver.

Maintenant je me dis : dans cette situation, c'est bien beau l'attachement au journal, l'amour du métier, le désir de gloire, mais après, si j'y laisse ma peau ? Si j'en parlais à mon directeur, je le sais, il m'utiliserait avec une discrétion extrême, de façon à ne pas attirer l'attention. Mais c'est bien connu, aujourd'hui, c'est la main et demain, c'est le bras qui y passe. Si un jour il me demandait, pour le bien du journal, d'affronter une épreuve difficile, pourrais-je être lâche au point de me dérober ?

---

11. syn. : **qualunque.**
12. cond. de **togliere, tolsi, tolto :** *enlever* ; ici sens particulier : **se attraversi col rosso davanti al vigile, una multa non te la toglie nessuno :** *si tu traverses au rouge devant un agent, personne ne peut te préserver d'une amende.* **Se prendi una corrente d'aria, un raffreddore non te lo toglie nessuno :** *si tu prends un courant d'air, personne ne peut te préserver d'un rhume.*
13. ⚠ italianisme à retenir ; on dit aussi **ci rimetto (dei soldi) :** *j'y perds de l'argent.*
14. **se** est suivi du subj. imparfait, car la principale est au conditionnel.
15. ⚠ italianisme ; **questo colore sgargiante dà troppo nell'occhio :** *cette couleur voyante attire trop l'attention.*

Finirei per far la spola fra Capo Canaveral, Orano, Mosca, Pechino e Buckingham Palace. E alla fine mi prenderebbero in castagna[1].

No, quando il potere è esagerato, come nel caso mio, finisce per ridursi[2] a zero : usarlo[2] è eccessivamente rischioso. Io dunque posseggo[3] un tesoro immenso, ma, ahimè, non posso spenderne un centesimo. A meno che[4] non desideri morire.

Così me ne starò quieto[5] : non disturberò[6] nessuno[7], non sveglierò[8] nel sonno le bellissime, non spierò[9] i grandi della terra, non curioserò[10] in nessuna casa, farò finta di niente[11].

Perdonami, caro direttore. Non mi fido.

---

1. syn. : **cogliere sul fatto ; speravi che non me ne accorgessi, ma ti ho preso in castagna** : *tu espérais que je ne m'en apercevrais pas, mais je t'ai pris sur le fait.*
2. enclise du pron. pers. avec l'infinitif.
3. 1re personne du prés. ind. de **possedere : posseggo** ou **possiedo** ; se conjugue comme **sedere** dans le second cas.
4. **a meno che** est toujours suivi du subj.
5. syn. : **calmo, tranquillo.**
6. vient de **il disturbo** : *le dérangement* ; **tolgo il disturbo e me ne vado** : *je ne veux pas (te) déranger davantage et je m'en vais.*

Je finirais par faire la navette entre Cap Canaveral, Oran, Moscou, Pékin et Buckingham Palace. Et à la fin, on me prendrait sur le fait.

Non, quand le pouvoir est exagéré, comme dans mon cas, il finit par se réduire à zéro : l'utiliser est excessivement risqué. Je possède donc un trésor immense, mais, hélas, je ne peux pas en dépenser un centime. A moins que je ne souhaite mourir.

Ainsi, je resterai tranquille : je ne dérangerai personne, je ne réveillerai pas les belles dans leur sommeil, je n'épierai pas les grands de ce monde, je ne fouinerai dans aucune maison, je ferai comme si de rien n'était.

Pardonne-moi, mon cher directeur. Je n'ai pas confiance.

---

7. **nessuno** étant placé après le verbe, **non** est indispensable devant le verbe.
8. rappelons qu'au futur et au conditionnel, les verbes de la 1re conjugaison, en **-are** font **parlerò, parlerai, parlerà**... et **parlerei, parleresti, parlerebbe**..., comme les verbes de la 2e conjugaison.
9. de la même famille : **la spia** : *le rapporteur, le mouchard* ; **fare la spia** : *épier* ; **lo spione** : *l'espion* ; **lo spionaggio** : *l'espionnage*.
10. de l'adj. **curioso** : *curieux*.
11. ⚠ italianisme à retenir.

L'uovo

L'œuf

Nel giardino della villa Reale[1] la Croce Viola Internazionale organizzò una grande caccia all'uovo[2] riservata ai bambini minori di dodici anni. Biglietto, ventimila lire.

Le uova[2] venivano nascoste sotto dei mucchi di fieno. Poi si dava il via. E tutte le uova che un bambino riusciva a scovare[3] erano sue[4]. Uova di tutti i generi e dimensioni, di cioccolata, di metallo, di cartone, contenenti[5] oggetti bellissimi.

Gilda Soso, cameriera a ore, ne sentì parlare in casa Zernatta, dove lavorava. La signora Zernatta vi avrebbe portato tutti e quattro[6] i suoi bambini, complessivamente ottantamila lire.

Gilda Soso, venticinque anni non bella ma neppure brutta, piccola, minuta, faccino[7] vispo, piena di buona volontà ma pure di desideri repressi — con una figlia di quattro anni, anche, graziosa creatura[8] senza nome paterno ahimè — pensò di portarci la sua bambina.

Venuto il giorno, mise alla sua Antonella il soprabitino[9] nuovo e il cappello di feltro che la faceva assomigliare proprio alle bambine dei signori.

Lei Gilda invece assomigliare a una signora non poteva, aveva abiti troppo scalcinati. Fece però qualcosa di meglio : con una specie di cuffietta si arrangiò pressappoco come una nurse e se proprio uno non stava a esaminarla col lanternino, la si poteva benissimo scambiare per una bambinaia di lusso, di quelle che hanno il diploma di Ginevra o Neuchâtel[10].

---

1. bien que le cadre dans lequel se situe cette nouvelle de Dino Buzzati soit imaginaire, nous citerons les noms de quelques villas royales parmi les plus célèbres : Monza, près de Milan, Stupinigi, près de Turin, Racconigi, près de Cuneo, Capodimonte et Caserta, près de Naples.
2. **l'uovo :** plur. le uova. Cf. il lenzuolo, le lenzuola : *le drap, les draps.*
3. **scovare :** m. à m. tirare dal covo : *tirer de leur cache.* Le mot covo est utilisé pour désigner toute sorte de *cache* ; trovarono i ladri nel covo dove avevano nascosto il bottino : *ils trouvèrent les voleurs dans le repaire où ils avaient caché leur butin.*
4. cf. questo libro è mio : *ce livre est à moi.*

Dans le jardin de la villa Royale, la Croix Violette Internationale organisa une grande chasse à l'œuf réservée aux enfants de moins de douze ans. Prix du billet : vingt mille lires.

Les œufs étaient cachés sous des tas de foin. Puis on donnait le signal du départ. Et tous les œufs qu'un enfant arrivait à dénicher étaient à lui. Des œufs de tout genre et de toutes dimensions, en chocolat, en métal, en carton, contenant de très beaux objets.

Gilda Sóso, femme de ménage, en entendit parler chez les Zernatta, où elle travaillait. Madame Zernatta allait y emmener ses quatre enfants, ce qui faisait en tout quatre-vingt mille lires.

Gilda Soso, vingt-cinq ans, pas belle, mais pas laide non plus, petite, menue, avec un petit visage éveillé, pleine de bonne volonté, mais aussi de désirs réprimés — avec, en plus, une fille de quatre ans, gracieuse enfant, qui ne portait pas, hélas, le nom de son père — pensa y emmener sa fillette.

Le jour venu, elle mit à Antonella son petit manteau neuf et son chapeau de feutre qui la faisait ressembler vraiment aux petites filles des riches.

Quant à elle, Gilda, elle ne pouvait pas, en revanche, ressembler à une dame : ses vêtements étaient trop minables. Mais elle fit quelque chose de mieux : avec une espèce de petite coiffe, elle s'arrangea à peu près comme une nurse et à moins de l'examiner vraiment avec beaucoup de soin, on pouvait très bien la prendre pour une bonne d'enfants de luxe, de celles qui ont le diplôme de Genève ou de Neuchâtel.

---

5. p. présent plur. du v. **contenere, contenni, contenuto**.
6. ▲ italianisme. Cf. **andiamo tutti e tre !** : *allons-y tous les trois !*
7. dim. de **faccia**.
8. **la creatura :** les Italiens emploient familièrement ce mot pour désigner leur enfant : **la mia creatura sta ancora dormendo** : *mon petit est encore en train de dormir.*
9. les Italiens communément usent d'un diminutif pour désigner tous les vêtements de leurs enfants : **i guantini** : *les gants* ; **la camicetta** : *la chemise* ; **il golfettino** : *le cardigan* ; **le scarpine** : *les chaussures*, etc.
10. en Italie, il est considéré comme très chic d'avoir une gouvernante suisse et/ou d'envoyer les enfants pour les vacances ou pour quelques années dans un collège suisse pour y apprendre le français et les bonnes manières.

Così andarano in tempo[1] all'ingresso della villa Reale e qui la Gilda si fermò guardandosi intorno[2] come se fosse una nurse che aspettava la sua padrona. Intanto arrivavano le macchine dei signori e scaricavano[3] i bambini dei signori che andavano a fare la caccia all'uovo. Arrivò anche la signora Zernatta con tutti i suoi quattro figlioli[4] e la Gilda si trasse[5] in disparte per non farsi vedere.

Sarebbe stata, per la Gilda, fatica sprecata ? Non era facile[6] si verificasse quel momento di trambusto e confusione su cui lei faceva assegnamento[7] per poter entrare gratis con la bambina.

La caccia all'uovo cominciava alle tre[8]. Alle tre meno cinque arrivò una macchina tipo presidenziale, era la moglie di un ministro importante coi suoi due bambini venuta apposta da Roma. Allora il presidente, i consiglieri e le patronesse della Croce Viola Internazionale si precipitarono incontro alla moglie del ministro per fare gli onori e ci fu, perfino sovrabbondante, la desiderata confusione.

Per cui[9] la cameriera a ore Gilda camuffata da nurse entrò nel giardino con la sua bimba, e le andava facendo[10] le ultime raccomandazioni perché[11] non si lasciasse metter sotto[12] dai bambini più grandi e più furbi di[13] lei.

Si vedevano sui prati, sparsi[14] irregolarmente, mucchi di fieno grandi e piccoli, a centinaia. Uno sarà stato almeno tre metri, chissà che cosa c'era nascosto sotto, magari niente.

---

1. cf. expr. faccio appena in tempo ad arrivare : *j'ai tout juste le temps d'arriver.*
2. cf. mi guardo intorno = guardo intorno a me.
3. **scaricare :** *décharger* ≠ caricare : *charger.*
4. dim. de figlio : indique ici que les enfants sont encore petits ; peut également marquer une nuance de tendresse par rapport à des enfants plus grands.
5. p. s. irrég. de **trarre, trassi, tratto**.
6. expr. toujours suivie du subj.
7. **fare assegnamento** s'emploie aussi à propos d'une personne : faccio assegnamento su di te : *je compte sur toi.*
8. pour demander l'heure, on dit indifféremment : che ora è ? ou che ore sono ? La réponse est toujours au plur. : *il est dix*

C'est ainsi qu'elles se rendirent, en temps voulu, à l'entrée de la villa Royale et là, Gilda s'arrêta en regardant autour d'elle, comme une nurse qui attendait sa patronne. Pendant ce temps, les voitures des riches arrivaient et déversaient les enfants des riches qui allaient faire la chasse à l'œuf. Madame Zernatta arriva, elle aussi, avec ses quatre enfants et Gilda se mit à l'écart pour ne pas se montrer.

Pour Gilda, serait-ce peine perdue ? Il n'était pas facile que survînt ce moment de remue-ménage et de confusion, sur lequel elle comptait pour pouvoir entrer gratis avec son enfant.

La chasse à l'œuf commençait à trois heures. A trois heures moins cinq arriva une voiture d'allure présidentielle : c'était la femme d'un ministre important, venue exprès de Rome, avec ses deux enfants. Alors, le président, les conseillers et les dames patronnesses de la Croix Violette Internationale se précipitèrent à la rencontre de la femme du ministre pour lui faire les honneurs de la fête et la confusion tant désirée se produisit et même avec excès.

Grâce à quoi la femme de ménage Gilda, déguisée en nurse, entra dans le jardin avec sa fille, et elle lui faisait ses dernières recommandations pour qu'elle ne se laissât pas rouler par des enfants plus grands et plus malins qu'elle. On voyait dans les prés, irrégulièrement répartis, des tas de foin, grands et petits, par centaines. L'un d'eux avait au moins trois mètres de haut. Qui sait ce qui pouvait bien être caché là-dessous ? Rien, peut-être !

---

heures un quart : **sono le dieci e un quarto** (le sujet réel **ore**, au plur., est sous-entendu) — sauf dans les trois cas suivants : *il est midi* : **è mezzogiorno** ; *il est une heure* : **è l'una** ; *il est minuit* : **è mezzanotte** (le sujet est au sing.).

9. syn. : **perciò**.

10. syn. : **le stava facendo,** m. à m. *elle était en train de lui faire.*

11. **perché +** subj. : *pour que.* Le subj. est à l'imparfait, car la principale est à un temps du passé.

12. expr. familière : **non ti lasciar mettere sotto !** : *ne te laisse pas rouler* ; **non ti lasciar mangiare sopra** : *ne te laisse pas bouffer !*

13. la deuxième partie de cette comparaison est introduite par **di** ; car on compare deux termes par rapport à un ensemble d'adj. : **gli altri bambini sono più grandi di Antonella** : *les autres enfants sont plus grands qu'Antonella.*

14. p. p. irrég. de **spargere, sparsi, sparso**.

Il segnale venne dato da uno squillo[1] di tromba, cadde[2] la cordicella che segnava il limite per la partenza e i bambini si lanciarono alla caccia con urla indescrivibili.

Ma alla piccola Antonella i bambini dei signori mettevano soggezione[3]. Correva di qua e di là senza sapersi[4] decidere e intanto gli altri frugavano nelle viscere dei mucchi di fieno, già alcuni correvano dalla mamma stringendo[5] fra le braccia gigantesche uova di cioccolata o di cartone variopinto con dentro chissà quali sorprese.

Finalmente anche Antonella però, affondando una manina[6] nel fieno, incontrò una superficie liscia e compatta, a giudicare dalla curvatura doveva essere un uovo madornale[7]. Pazza di felicità si mise a gridare : « L'ho trovato ! l'ho trovato ! » e cercava di abbrancare[8] l'uovo ma un ragazzo piombò a capofitto come fanno quelli del rugby e immediatamente Antonella lo vide allontanarsi reggendo[9] sulle braccia[10] una specie di monumento ; e le faceva anche le boccacce per darle la baia[11].

Come sono svelti[12] i bambini. Alle tre era stato dato il via, alle tre e un quarto il bello e il buono era già stato tutto spazzato[13]. E la bambina della Gilda a mani vuote si guardava intorno per cercare la mamma vestita da nurse, certo sentiva una grande disperazione ma a ogni costo piangere non voleva[14], sarebbe stata una vergogna con tutti quei bambini che la potevano vedere. Ciascuno ormai aveva la sua preda, chi[15] poco e chi[15] molto, soltanto lei Antonella niente di niente.

C'era una bambina bionda di sei sette anni che stentava[16] da sola a portare via tutto il ben di Dio che aveva rastrellato. Antonella la guardava sbalordita.

---

1. cf. ti faccio uno squillo al telefono : *je te donne un petit coup au téléphone* ; v. squillare : si sente squillare il campanello della porta : *on entend la sonnette qui retentit à la porte.*
2. p. s. de **cadere, caddi, caduto**.
3. autre exemple : è talmente più intelligente di me che mi mette soggezione : *il est tellement plus intelligent que moi qu'il m'intimide.*
4. l'italien emploie assez souvent le v. sapere : *savoir*, là où le français emploie le verbe *pouvoir* : non si sa capacitare di questa situazione : *il ne peut pas comprendre cette situation.*
5. gérondif de **stringere, strinsi, stretto**.
6. dim. de la mano.
7. cf. expr. un errore madornale : *une erreur monumentale.*
8. vient de branca, branche : *serres, griffes.*

Le signal fut donné par une sonnerie de trompette, la ficelle qui marquait la ligne de départ tomba et les enfants se lancèrent à la chasse avec des hurlements indescriptibles.

Mais la petite Antonella était intimidée par les enfants des riches. Elle courait çà et là sans pouvoir se décider et, pendant ce temps, les autres fouillaient à l'intérieur des tas de foin ; déjà quelques-uns couraient vers leur maman, en serrant dans leurs bras de gigantesques œufs en chocolat ou en carton multicolore, avec, à l'intérieur, Dieu sait quelles surprises.

Finalement, Antonella, elle aussi, en plongeant sa petite main dans le foin, rencontra une surface lisse et compacte ; à en juger par la courbure, ce devait être un œuf énorme. Folle de joie, elle se mit à crier : — Je l'ai trouvé ! Je l'ai trouvé ! et elle cherchait à saisir l'œuf, mais un petit garçon se précipita tête baissée, à la manière des joueurs de rugby, et immédiatement Antonella le vit s'éloigner, tenant dans ses bras une espèce de monument ; et en plus il lui faisait la grimace pour se moquer d'elle.

Comme les enfants sont rapides ! A trois heures, on avait donné le signal du départ, à trois heures un quart, tout ce qu'il y avait de beau et de bon avait été entièrement ratissé. Et la petite fille de Gilda, les mains vides, regardait autour d'elle pour chercher sa maman, habillée en nurse ; bien sûr, elle ressentait un grand désespoir, mais elle ne voulait pleurer à aucun prix, c'eût été une honte, avec tous ces enfants qui pouvaient la voir. Chacun, maintenant, avait son butin, peu ou prou ; elle seule, Antonella, n'avait rien du tout.

Il y avait une petite blonde de six, sept ans, qui peinait à emporter toute seule toutes les bonnes choses qu'elle avait ramassées. Antonella la regardait, ébahie.

---

9. gérondif de **reggere, ressi, retto**.
10. plur. de **braccio**.
11. syn. : **canzonare qualcuno, prendere in giro qualcuno.**
12. syn. : **veloce, rapido. È sempre svelto a cogliere l'occasione** : *il est toujours prompt à saisir l'occasion.*
13. **spazzare :** m. à m. *balayer* ; **spazzare per terra con la granata** : *balayer par terre avec le balai.*
14. inversion pour mettre en relief le verbe **piangere**. Notons encore une fois la souplesse de la construction de la phrase italienne.
15. **chi poco e chi molto :** m. à m. *les uns peu, les autres beaucoup.*
16. v. **stentare : stento a capire** : *j'ai du mal à comprendre* ; expr. **capisco a stento** : *je comprends difficilement.*

« Non hai trovato niente tu ? » le domandò la bambina bionda, con garbo. « No, io niente[1]. » « Se vuoi, prendi un uovo dei miei. » « Sì ? Quale ? » « Uno dei piccoli. » « Questo ? » « E va be[2], prendilo[3]. »

« Grazie, sai[4] » fece Antonella, già meravigliosamente consolata « come ti chiami ? »

« Ignazia » disse la biondina.

In quel momento intervenne[5] una signora alta, doveva essere la mamma di Ignazia : « Perché hai dato un uovo a questa bambina ? »

« Non glielo[6] ho dato, è lei che me l'ha preso[7] » rispose prontissima Ignazia con la misteriosa perfidia dei bambini.

« Non è vero ! » gridò Antonella. « Me lo ha dato lei[8] ! » Era un bell'[9]uovo di cartone lucido che si doveva aprire come una scatola, forse c'era dentro un giocattolo o un servizio per bambola o un corredo[10] per ricamo.

Attratta[11] dalla disputa, si avvicinò una dama della Croce Viola, tutta vestita di bianco, avrà avuto[12] una cinquantina d'anni.

« Cosa succede, belle bambine ? » chiese[13] sorridendo, ma non era un sorriso simpatico. « Non siete contente ? »

« Niente, niente » disse la mamma di Ignazia. « Questa marmocchia, che non so nemmeno chi sia, ha portato via[14] un uovo alla mia bambina. Ma non importa. Per me ! Lasciamoglielo[15] pure. Su[16], Ignazia, andiamo ! » E si avviò con la bambina.

---

1. m. à m. *non, moi, rien.*
2. = **e va bene** (apocope familière).
3. enclise avec l'impératif de **prendere**.
4. m. à m. *tu sais*; remplit un vide dans le dialogue : marque ici l'embarras ou la surprise de la petite Antonella.
5. p. s. irrég. de **intervenire, intervenni, intervenuto**.
6. pronoms compl. d'objet indirect et direct groupés : **Non le ho dato l'uovo** : *je ne lui ai pas donné l'œuf* ; **Non ho dato l'uovo a questa bambina** : *je n'ai pas donné l'œuf à cette petite fille* ; **non glielo ho dato** : *je ne le lui ai pas donné.*
7. p. p. irrég. de **prendere, presi, preso**.
8. deux manières de mettre le pronom sujet en relief : 1) **è lei che me l'ha preso** reprend le gallicisme *c'est... que* : *c'est elle qui me l'a pris* ; 2) **me lo ha dato lei** : *c'est elle qui me l'a donné* (ici, le pronom sujet est placé à la fin).

— Tu n'as rien trouvé, toi ? lui demanda aimablement la blonde enfant.

— Non, rien.

— Si tu veux, prends un de mes œufs.

— Oui ? Lequel ?

— Un des petits.

— Celui-ci ?

— D'accord, prends-le.

— Oh merci, c'est gentil, dit Antonella, déjà merveilleusement consolée. Comment t'appelles-tu ?

— Ignazia, dit la blondinette.

A ce moment-là intervint une grande femme, qui devait être la maman d'Ignazia :

— Pourquoi as-tu donné un œuf à cette petite fille ?

— Je ne le lui ai pas donné, c'est elle qui me l'a pris, répondit promptement Ignazia, avec cette perfidie mystérieuse des enfants.

— Ce n'est pas vrai ! cria Antonella. C'est elle qui me l'a donné !

C'était un bel œuf de carton brillant qui devait s'ouvrir comme une boîte, peut-être y avait-il, à l'intérieur, un jouet ou un service de poupée ou une trousse de broderie.

Attirée par la dispute, une dame de la Croix Violette s'approcha, toute vêtue de blanc, qui devait avoir une cinquantaine d'années.

— Que se passe-t-il, mes mignonnes ? demanda-t-elle en souriant, mais ce n'était pas un sourire sympathique. Vous n'êtes pas contentes ?

— Ce n'est rien, ce n'est rien, dit la maman d'Ignazia. C'est cette gamine, dont je ne sais même pas qui c'est, qui a volé un œuf à ma fille. Mais ça n'a pas d'importance. Quant à moi, cela m'est égal ! Qu'elle le garde donc ! Allons, Ignazia, viens !

Et elle partit avec sa fille.

---

9. rappelons que l'adj. **bello**, comme **quello** : *celui-là*, suit la même règle que l'article défini. Ici **bell'** est placé devant une voyelle, d'où sa forme ; mais on dira **quell'uovo era bello !** : *cet œuf était beau !*
10. m. à m. *équipement* ; autre sens très employé : *trousseau*.
11. p. p. fém. irrég. de **attrarre, attrassi, attratto**.
12. sens hypothétique du futur antérieur.
13. p. s. irrég. de **chiedere, chiesi, chiesto**.
14. rappelons que **via**, adv., indique toujours un éloignement : **andiamo via !** : *allons-nous-en !*
15. double enclise à l'impératif (cf. note 6).
16. **Su** est l'exclamation la plus usitée dans ce sens ; syn. : **dai !, forza**.

Ma la patronessa non considerò chiuso[1] l'incidente : « Le hai portato via un uovo ? » domandò a Antonella. « Io no. È lei che me l'ha dato[2]. » « Ah così ? Come ti chiami ? » « Antonella. » « Antonella come ? » « Antonella Soso. » « E tua[3] mamma ? Tua mamma dov'è ? »

In quel preciso momento Antonella si accorse[4] che sua[3] mamma era presente. Immobile, a una distanza di quattro metri, assisteva alla scena.

« È là » disse la bambina. E fece segno[5].

« Quella là ? » chiese la dama. « Sì. » « Ma non è la governante ? »

La Gilda si fece allora avanti[6] : « La mamma sono io. »

La dama la squadrò perplessa : « Scusi, signora, lei ha il biglietto ? Le dispiacerebbe farmelo[7] vedere ? »

« Non ho biglietto » disse la Gilda, mettendosi al fianco di Antonella. « L'ha perso[8] ? » « No. Non l'ho mai avuto. » « Siete entrate di sfroso[9], allora ? Allora la situazione cambia. Allora bambina, quest'uovo non è tuo[10]. »

Con fermezza, le tolse[11] dalle mani l'uovo. « È indegno » disse. « Favorite[12] uscire. »

La bambina rimase là impietrita e sul faccino stava scavato un tale dolore che il cielo del mondo intero cominciò a ottenebrarsi.

---

1. p. p. irrég. de **chiudere, chiusi, chiuso :** *fermer.*
2. p. p. de **dare, diedi, dato**.
3. style parlé ; il serait plus correct de dire **la tua mamma**, car **mamma** est considéré comme dim. de **madre**. Rappelons que devant les noms de parenté proche au sing., sans diminutifs et non accompagnés d'adj., on ne met pas l'art. devant le possessif : **mio padre, mia madre, mia figlia** : *mon père, ma mère, ma fille.*
4. p. s. irrég. de **accorgersi, accorsi, accorto :** mi accorsi, ti accorgesti, si accorse, ci accorgemmo, vi accorgeste, si accorsero.
5. m. à m. *elle fit (un) signe.*
6. **farsi avanti** ≠ farsi indietro.
7. double enclise des pron. pers. avec l'infinitif.
8. p. p. irrég. de **perdere, persi, perso** ou **perduto**.
9. autre exemple : **cerca di far passare queste stecche di sigarette di sfroso alla dogana** : *il cherche à faire passer ces cartouches de cigarettes en fraude à la douane.*

Mais la dame patronnesse ne considéra pas l'incident comme clos.

— Tu lui as volé un œuf ? demanda-t-elle à Antonella.

— Moi, non. C'est elle qui me l'a donné.

— Ah ! c'est comme cela ! Comment t'appelles-tu ?

— Antonella.

— Antonella comment ?

— Antonella Soso.

— Et ta maman ? Ta maman, où est-elle ?

A ce moment précis, Antonella s'aperçut que sa maman était présente. Immobile, à quatre mètres de là, elle assistait à la scène.

— Elle est là, dit la petite fille. Et elle la désigna du geste.

— Celle-là ? demanda la dame.

— Oui.

— Mais n'est-ce pas ta gouvernante ?

Alors Gilda s'avança :

— Sa maman, c'est moi.

La dame la dévisagea avec perplexité.

— Pardon, madame, vous avez votre billet ? Cela vous ennuierait de me le montrer ?

— Je n'ai pas de billet, dit Gilda, en se mettant à côté d'Antonella.

— Vous l'avez perdu ?

— Non. Je ne l'ai jamais eu.

— Vous êtes entrées en fraude, alors. Alors, cela change tout. Alors, ma petite, cet œuf n'est pas à toi.

Avec fermeté, elle lui enleva l'œuf des mains.

— C'est scandaleux, dit-elle. Je vous prie de sortir.

La fillette resta là, pétrifiée, et sur son petit visage une telle douleur creusait ses traits que le ciel du monde entier commença à s'obscurcir.

---

10. **è mio, è tuo, è suo** : *il est à moi, il est à toi, il est à lui* (ou *à elle*). A rapprocher du vieux français : il est mien, il est tien.
11. p. s. irrég. de **togliere, tolsi, tolto**.
12. expression très employée en italien ; autre exemple, tiré d'une lettre commerciale : **favorite confermarci ricevuta del nostro assegno** : *veuillez nous confirmer réception de notre chèque* ou *vous voudrez bien nous confirmer*... Il convient de rappeler que cette dernière expression *vouloir bien* ne doit jamais être traduite littéralement, sinon on aboutit à un contresens puisque **voler bene** signifie : *aimer*.

Allora, mentre[1] la patronessa se n'andava con l'uovo, la Gilda esplose[2], le umiliazioni, i patimenti[3], le rabbie[4], i compressi[5] desideri di anni e anni furono piú forti. E si mise a urlare, coprì la dama di parolacce[6] orribili che cominciavano per p[7] per b[7] per t[7] per s[7] e per altre lettere dell'alfabeto.

C'era una quantità di gente, signore eleganti della migliore società, coi loro bimbi carichi di uova stupende[8]. Qualcuna fuggì inorridita. Qualcuna si fermò a protestare : « È una vergogna ! È uno scandalo. Coi bambini che ascoltano ! Arrestatela ! »

« Fuori ! Fuori di qua, donnaccia[9], se non vuoi[10] che ti denunci[11] » intimò la patronessa.

Ma Antonella scoppiò in un pianto terrible che avrebbe fatto muovere[12] anche le pietre. La Gilda era ormai fuori di sé, la rabbia, la vergogna, il dispiacere le davano una energia immensa e irresistibile : « Lei si vergogni, portar via l'ovetto[13] alla mia bambina che non ha mai niente. Sa che cos'è lei ? Una carogna. »

Arrivarono due agenti e afferrarono la Gilda per le mani. « Fuori, immediatamente fuori ! » Lei si divincolava. « Lasciatemi lasciatemi, figli di cani che non siete altro[14]. »

Le furono sopra, l'agguantarono da tutte le parti, la trascinarono all'uscita. « Adesso vieni con noi in questura, in guardina ti passerà la voglia, così impari a insultare le forze dell'ordine. »

---

1. **mentre :** *tandis que, pendant que.*
2. p. s. irrég. de **esplodere, esplosi, esploso**.
3. de la même famille : **patire (-isco). Patisce il freddo** : *il souffre du froid.* **È stata una storia patita** : *Ç'a été une histoire difficile à endurer.*
4. **rabbia :** *rage* (sens médical et sens figuré) ; *colère* ; de la même famille, **arrabbiarsi** : *se mettre en colère.*
5. p. p. irrég. de **comprimere, compressi, compresso**.
6. suff. péjoratif **-accio ; la parola** : *le mot* ; **la parolaccia** : *le gros mot.*
7. en donnant libre cours à l'imagination, on peut penser que **p** est mis pour **puttana** : *putain* ; **b**, pour **burina** : *paysanne* ; **t** pour **tanghera** : *goujate* ; **s** pour **sgualdrina** : *gourgandine.* La liste des possibilités n'est évidemment pas complète !
8. **stupendo**, de la même famille que **stupire**, veut dire m. à m. *qui suscite l'étonnement* ; **è un regalo stupendo !** : *c'est un*

Alors, tandis que la dame patronnesse s'en allait avec l'œuf, Gilda explosa : les humiliations, les souffrances, les rages, les désirs réprimés pendant des années et des années furent les plus forts. Et elle se mit à hurler, elle couvrit la dame d'horribles gros mots qui commençaient par « p », par « b », par « t », par « s », et par d'autres lettres de l'alphabet.

Il y avait une quantité de gens, des dames élégantes de la meilleure société, avec leurs enfants chargés d'œufs superbes. Quelques-unes s'enfuirent, horrifiées. D'autres s'arrêtèrent pour protester :

— C'est une honte ! C'est un scandale ! Avec les enfants qui écoutent ! Arrêtez-la !

— Dehors ! Hors d'ici, mauvaise femme, si tu ne veux pas que je te dénonce, intima la dame patronnesse.

Mais Antonella éclata en sanglots terribles qui auraient touché même des pierres. Gilda était maintenant hors d'elle : la colère, la honte, le chagrin lui donnaient une énergie immense et irrésistible :

— Vous n'avez pas honte, enlever son petit œuf à mon enfant qui n'a jamais rien. Vous savez ce que vous êtes ? Une vraie garce !

Arrivèrent deux agents qui saisirent Gilda par les mains.

— Ouste, dehors et tout de suite !

Elle se débattait :

— Laissez-moi, laissez-moi, vous n'êtes que des fils de chiens !

Ils se jetèrent sur elle, la saisirent de tous les côtés et l'entraînèrent vers la sortie.

— Maintenant, suis-nous au commissariat, au violon on va t'en faire passer l'envie, comme ça, tu apprendras à insulter les forces de l'ordre !

---

cadeau sensationnel !; **mi stupisco del suo atteggiamento proprio incredibile** : *je m'étonne de son attitude vraiment incroyable.*

9. **la donnaccia :** *la mauvaise femme* ; **la donna** : *la femme*, (voir note 6).

10. notez le passage, de la part de la dame patronnesse, de la forme de politesse (page précédente) au tutoiement à l'adresse d'une « mauvaise femme ». Il faut néanmoins souligner que, dans la vie courante, les Italiens se tutoient plus rapidement et plus facilement que les Français.

11. le v. de volonté **vuoi** est suivi du subj. prés.

12. **muovere, mossi, mosso**.

13. dim. de **uovo**.

14. ⚠ italianisme ; **maleducato che non sei altro !** : *tu n'es qu'un mal élevé !*

Stentavano a tenerla benché[1] fosse piccolina. « No, no ! » urlava. « La mia bambina ! La mia bambina ! Lasciatemi, vigliacchi[2] ! » La bambina le si era aggrappata alla gonna[3], veniva sballottata que e là nel tumulto, tra i singhiozzi le uscivano[4] frenetiche invocazioni.

Saranno stati[5] dieci, fra uomini e donne, contro di lei. « É impazzita. La camicia di forza ! All'astanteria ![6] » Il furgone cellulare era in arrivo[7], aprirono lo sportello[8], di peso la sollevarono da terra. La dama della Croce Viola afferrò energicamente per una mano la bambina. « Adesso tu vieni[9] con me. Gliela farò dare io una lezione, alla tua mamma. »

Nessuno si ricordò che in certi casi l'ingiustizia patita può sprigionare[10] una potenza spaventosa[11].

« Per l'ultima volta lasciatemi » urlò la Gilda mentre tentavano di issarla sul furgone. « Lasciatemi, prima che[12] vi ammazzi. »

« Basta ! Portatela via » intimò la patronessa, impegnata a domare la bambina.

« E allora crepa tu per prima, maledetta » fece la Gilda, dibattendosi più che mai.

« Oh Dio » gemette[13] la dama biancovestita e si afflosciò esanime a terra.

« E adesso tu che mi tieni[14] le mani. Anche tu ! » fece la cameriera.

Ci fu un ingorgo confuso di corpi, poi dal furgone uno degli agenti rotolò giù senza vita, un secondo subito dopo stramazzò, appena la Gilda gli ebbe detto una parolina.

---

1. **benché** est toujours suivi du subj. Ici, il s'agit du subj. imparfait, car la principale est à un temps du passé.
2. sing. **vigliacco** : mot accentué sur l'avant-dernière syllabe.
3. le possessif **(sua)** qui pourrait se trouver devant **gonna** est remplacé, comme la plupart du temps, en italien, par un pron. pers. compl. d'objet indirect. Cf. : **gli si restituisce il giocattolo** : *on lui rend son jouet.*
4. ▲ italianisme : il faut entendre **le uscivano di bocca** ; pour l'emploi du pron. **le** voir note précédente, d'autre part, le sujet de la proposition est **invocazioni**, de ce fait le verbe **uscivano** est au plur.
5. futur antérieur hypothétique.
6. **l'astanteria :** m. à m. *la salle de garde* dans un hôpital.
7. ▲ italianisme à retenir ; **Sono in arrivo** : *j'arrive* ; **è in arrivo al marciapiede cinque il treno proveniente da Roma diretto**

Ils avaient du mal à la maintenir, bien qu'elle fût toute petite :

— Non, non ! hurlait-elle. Ma petite fille ! ma petite fille ! Laissez-moi, lâches que vous êtes !

L'enfant s'était agrippée à ses jupes, elle était ballottée d'un côté et d'autre dans le tumulte ; parmi ses sanglots, elle laissait échapper des invocations frénétiques.

Ils étaient peut-être bien dix, hommes et femmes, contre elle.

— Elle est devenue folle. La camisole de force ! A l'hôpital !

Le fourgon cellulaire arrivait, ils ouvrirent la portière, soulevèrent de terre Gilda à bout de bras. La dame de la Croix Violette saisit énergiquement la fillette par la main.

— Maintenant, toi, viens avec moi. Je lui ferai donner une leçon, moi, à ta maman.

Personne ne se rappela que, dans certains cas, une injustice subie peut déchaîner une puissance effrayante.

— Pour la dernière fois, laissez-moi, hurla Gilda, tandis qu'on tentait de la hisser dans le fourgon. Laissez-moi, avant que je ne vous tue !

— Ça suffit ! Emmenez-la ! ordonna la dame patronnesse, occupée à maîtriser la fillette.

— Alors, toi, crève la première, sale bête ! dit Gilda, en se débattant plus que jamais.

— Oh, mon Dieu ! gémit la dame en blanc et elle s'affaissa à terre, inanimée.

— Et maintenant, toi, qui me tiens les mains. A ton tour ! dit la femme de ménage.

Il y eut une mêlée confuse de corps, puis un des agents dégringola du fourgon, sans vie, un second, tout de suite après, s'écroula, à peine Gilda lui eut-elle dit un petit mot.

---

a Milano : *le train en provenance de Rome et se dirigeant vers Milan arrive au quai cinq.*
8. lo sportello della macchina : *la portière de la voiture* ; lo sportello della banca : *le guichet de la banque.*
9. impératif de **venire, venni, venuto** (vieni, veniamo, venite).
10. **sprigionare** ≠ imprigionare.
11. de spavento : *effroi, peur.* Mi sono preso uno spavento che non ti dico ! : *j'ai eu une de ces peurs !* V. spaventare ; mi sono spaventato molto : *j'ai eu très peur.* È successo un incidente spaventoso : *il est arrivé un accident effroyable.*
12. **prima che** est toujours suivi du subj.
13. **gemere** a deux p. s. : gemei ou gemetti.
14. prés. ind. de **tenere, tenni, tenuto** (tengo, tieni, tiene, teniamo, tenete, tengono).

Si ritrassero[1] con un oscuro terrore[2]. La mamma si trovò sola e intorno una folla che non osava più.

Prese per mano Antonella, avanzò sicura : « Largo, largo, ho da[3] passare. » Fecero[4] ala[5], non avevano coraggio di toccarla, la seguirono però, a una ventina di metri, mentre si allontanava. Intanto, tra il fuggi fuggi[6] della gente[7], arrivavano camionette di rinforzi, fra sirene di autoambulanze e di pompieri[8]. Un vice questore prese il comando delle operazioni. Si udì una voce : « Le pompe ! I gas lacrimogeni ! »

La Gilda si volse[9] fieramente : « Provatevi, se avete il coraggio. » Era una mamma offesa[10] e umiliata, era una forza scatenata della natura.

Un cerchio di agenti armati la chiuse[11]. « Mani in alto, disgraziata ! » Echeggiò anche uno sparo[12] di avvertimento. « La mia bambina, volete ammazzare anche lei ? » la Gilda gridò. « Lasciatemi passare. »

Avanzò imperterrita. Lei non li aveva neppure toccati, sei agenti in un mazzo[13] crollarono a terra.

Così raggiunse[14] la sua casa. Era un gran casamento fra i prati della periferia. La forza pubblica si schierò[15] tutt'intorno.

Il questore avanzò con un megafono elettrico : a tutti gli inquilini della casa, si concedevano[16] cinque minuti per sgomberare ; e alla mamma scatenata si intimava di consegnare la bambina, a scanso di[17] guai.

---

1. p. s. irrég. de **ritrarre**, composé de trarre, trassi, tratto (trassi, traesti, trasse, traemmo, traeste, trassero).
2. masc. comme tous les mots terminés par -ore, sauf la folgore : *la foudre*.
3. syn. devo.
4. p. s. irrég. de **fare, feci, fatto**.
5. **l'ala** (plur. le ali) : *l'aile, les ailes.*
6. expr. inv. formée de l'impératif du v. fuggire ; autres expressions de mouvement : il viavai : *le va-et-vient* ; l'andirivieni : *l'allée et venue.*
7. rappelons que **la gente** s'emploie, la plupart du temps, au sing. : c'è molta gente : *il y a beaucoup de gens, il y a beaucoup de monde.*
8. syn. plus courant : i vigili del fuoco.
9. p. s. irrég. de **volgere, volsi, volto**.
10. p. p. irrég. de **offendere, offesi, offeso** : sens très fort en

Ils se retirèrent avec une obscure terreur. La maman se retrouva seule et tout autour une foule qui n'osait plus rien.

Elle prit Antonella par la main et avança, sûre d'elle :

— Place ! Place ! Je dois passer.

Ils firent la haie, ils n'avaient pas le courage de la toucher, mais ils la suivirent à une vingtaine de mètres, tandis qu'elle s'éloignait. Cependant, dans le sauve-qui-peut général, arrivaient des camionnettes de renforts, dans un bruit de sirènes d'ambulances et de pompiers. Un commissaire adjoint prit le commandement des opérations. On entendit une voix :

— Les pompes ! Les gaz lacrymogènes !

Gilda se retourna fièrement :

— Essayez, si vous en avez l'audace...

C'était une maman offensée et humiliée, c'était une force déchaînée de la nature.

Un cercle d'agents armés se referma sur elle.

— Haut les mains, malheureuse !

Un coup de semonce retentit.

— Ma petite fille, vous voulez la tuer elle aussi ? cria Gilda. Laissez-moi passer.

Elle s'avança, imperturbable. Sans qu'elle les eût même touchés, six agents, en tas, croulèrent à terre.

C'est ainsi qu'elle regagna sa demeure. C'était une grande bâtisse au milieu des terrains vagues de la banlieue. La force publique se déploya tout autour.

Le commissaire avança avec un porte-voix électrique : à tous les locataires de la maison, on accordait cinq minutes pour évacuer ; et à la maman déchaînée, on intimait l'ordre de remettre la petite, si elle voulait éviter les ennuis.

---

italien : **non sono offesa, sono solo dispiaciuta** : *je ne suis pas offensée, je suis seulement contrariée.*

11. p. s. de **chiudere, chiusi, chiuso**.
12. **lo sparo :** *le coup de feu* ; v. **sparare** : *tirer un coup de feu.*
13. le mot **mazzo** désigne des choses qui se tiennent : **un mazzo di fiori** : *un bouquet de fleurs* ; **un mazzo di chiavi** : *un trousseau de clés* ; **un mazzo di carte** : *un jeu de cartes.*
14. p. s. irrég. de **raggiungere,** *composé de* **giungere, giunsi, giunto.**
15. cf. **la schiera** : *la troupe, le rang, la file.*
16. imparfait de **concedere, concessi, concesso.**
17. m. à m. : *pour éviter* ; autre expr. très usitée, **a scanso di equivoci** : *pour éviter les équivoques.* Cf. v. **scansare** : *éviter.*

La Gilda si affacciò[1] a una finestra dell'ultimo piano e gridò parole che non si capivano[2]. Le schiere degli agenti di colpo arretrarono come se[3] una massa invisibile premesse contro di loro. « Cosa fate ? Serrate le file ! » tuonarono gli ufficiali. Ma anche gli ufficiali retrocedettero[4] incespicando.

Nel casamento ormai non restava che la Gilda con la bambina. Probabilmente stava preparando[5] la cena perché da un camino[6] usciva un sottile filo di fumo.

Intorno alla casa i reparti del 7° reggimento corazzato formavano un ampio anello[7], mentre[8] scendeva la sera. La Gilda si affaciò alla finestra e gridò qualche cosa. Un carro armato pesante cominciò a sobbalzare, poi si rovesciò di schianto. Un secondo, un terzo, un quarto. Una forza misteriosa li sballottava qua e là come giocattoli di latta[9] finché restavano immobili nelle più strane positure, completamente sconquassati.

Fu decretato lo stato d'assedio, intervennero[10] le forze dell'O.N.U.[11] La zona circostante della città fu evacuata per ampio raggio. All'alba cominciò il bombardamento.

Affacciate a un balcone, la Gilda e la bambina assistevano tranquille allo spettacolo. Non si sa come nessuna delle granate riusciva a raggiungere la casa. Esplodevano tutte a mezz'aria[12], tre quattrocento metri prima. Poi la Gilda rientrò perché Antonella, spaventata dal tuono delle esplosioni, si era messa[13] a piangere.

L'avrebbero presa[14] con[15] la fame e con la sete. La conduttura dell'acqua fu tagliata.

---

1. affacciarsi alla porta : *se montrer à la porte* ; fare capolino : *passer la tête.*
2. le sujet réel, parole, est au plur.
3. **come se** est toujours suivi du subj. imparfait.
4. **retrocedere, retrocessi** ou **retrocedetti, retrocesso**.
5. **stare** + gérondif : forme progressive.
6. ⚠ **il camino :** *la cheminée* ; il cammino : *le chemin* ; v. camminare : *marcher.*
7. **l'anello :** *l'anneau, la bague.* Pour traduire *l'anneau nuptial*, on dit plutôt la fede.
8. rappel, **mentre :** *tandis que, pendant que.*
9. cf. una lattina = una scatola di latta : *une boîte en fer-blanc* (se dit beaucoup des boissons en boîte).
10. p. s. irrég. de **intervenire**, composé de venire, venni, venuto.
11. sigle de Organizzazione (delle) Nazioni Unite. Fondée en

Gilda se montra à une fenêtre du dernier étage et cria des mots incompréhensibles. Les rangs des agents reculèrent d'un seul coup, comme si une masse invisible les repoussait.

— Que faites-vous ? Serrez les rangs ! tonnèrent les officiers.

Mais les officiers, eux aussi, reculèrent en trébuchant.

Dans l'immeuble, désormais, il ne restait que Gilda avec sa fille. Elle devait être en train de préparer le dîner, car un mince filet de fumée sortait d'une cheminée.

Autour de la maison, les détachements du septième régiment cuirassé formaient un large cercle, tandis que le soir tombait. Gilda se montra à la fenêtre et cria quelque chose. Un lourd char d'assaut commença à cahoter, puis il se renversa d'un seul coup. Un deuxième, un troisième, un quatrième. Une force mystérieuse les secouait de côté et d'autre comme des jouets en fer-blanc jusqu'à ce qu'ils restassent immobiles dans les positions les plus étranges, complètement disloqués.

On décréta l'état de siège, les forces de l'O.N.U. intervinrent. La zone qui environnait la ville fut évacuée sur un large rayon. A l'aube, le bombardement commença.

Penchées à un balcon, Gilda et la petite assistaient tranquillement au spectacle. On ne sait pas comment aucun des obus n'arrivait à atteindre la maison. Ils explosaient tous en l'air, trois ou quatre cents mètres avant. Puis Gilda rentra parce que Antonella, effrayée par le fracas des explosions, s'était mise à pleurer.

On en viendrait à bout par la faim et la soif. La conduite d'eau fut coupée.

---

juin 1945, à la conférence de San Francisco, pour maintenir la paix et promouvoir la coopération internationale. Son siège est à New York et deux organisations spécialisées qui en dépendent ont leur siège, l'une à Rome : la F.A.O. (Food and Agriculture Organization : Organisation pour l'Alimentation et l'Agriculture), l'autre à Paris : l'U.N.E.S.C.O. (United Nations Education, Science, Culture Organization : Organisation des Nations Unies pour l'Éducation, la Science et la Culture).

12. ⚠ italianisme **a mezz'aria :** *à mi-hauteur, à mi-chemin*. Au sens figuré : **siamo troppo stanchi stasera, lasciamo tutto a mezz'aria !** : *nous sommes trop fatigués, ce soir, laissons tout en plan !*

13. p. p. irrég. de **mettere, messi, messo**.

14. p. p. irrég. de **prendere, presi, preso**.

15. souvent **con** se traduit : *par* (marque le moyen).

Ma ogni[1] mattina e ogni sera il camino emetteva[2] il suo fiato[3] di fumo, segno che la Gilda stava cucinando.

I generalissimi decisero[4] l'attacco all'ora X. All'ora X la terra per chilometri intorno tremò, le macchine da guerra avanzando concentriche, con un rombo da[5] apocalisse.

La Gilda ancora si affacciò. « Basta » gridava. « Lasciatemi in pace. »

Lo schieramento[6] dei carri armati ondeggiò[7], quasi investito da un'onda invisibile, i pachidermi d'acciaio carichi di morte si contorsero[8] fra orrendi scricchiolii[9], trasformandosi in mucchietti[10] di ferraglia.

Il segretario generale dell'O.N.U.[11] avanzò tenendo alta una bandierina[12] bianca[12]. La Gilda gli fece segno di entrare.

Il segretario dell'O.N.U. chiese alla cameriera le condizioni per la pace : il paese era ormai spossato, i nervi della popolazione e delle forze armate non reggevano[13] più.

La Gilda gli offrì una tazza di caffè e poi disse[14] : « Voglio[15] un uovo per la mia bambina. »

Dieci camion si fermarono dinanzi alla casa. Ne furono scaricate uova di ogni dimensione, di fantastica bellezza, affinché[16] la bambina potesse scegliere[17]. Ce n'era perfino uno d'oro massiccio tempestato[18] di pietre preziose, del diametro di trentacinque centimetri.

L'Antonella ne scelse uno piccolo, di cartone colorato, uguale a quello che la patronessa le aveva portato via.

---

1. **ogni :** est sing. et inv. sauf dans l'expr. **Ognissanti** : la Toussaint ou lorsqu'un nombre modifie cette expr. **ogni due giorni** : *tous les deux jours.*
2. **emettere,** composé de mettere, misi, messo.
3. **il fiato :** m. à m. *le souffle.* **Dopo un po' di riposo, riprese fiato** : *après un peu de repos, il reprit son souffle.*
4. p. s. irrég. de **decidere, decisi, deciso**.
5. **da** indique ici la caractéristique.
6. **lo schieramento :** terme d'abord militaire. Cf. **la schiera** : *la troupe, la file* ; **schierare** : *aligner* ; **schierarsi** : *prendre position, se déployer.*
7. cf. l'onda : *la vague.*
8. p. s. irrég. de **contorcere, contorsi, contorto**.
9. sing. scricchiolio, mot accentué sur le i de la syllabe finale ; dans ce cas, on conserve ce dernier au plur.
10. dim. de mucchio.

Mais chaque matin et chaque soir, la cheminée exhalait son petit filet de fumée, signe que Gilda était en train de faire la cuisine.

Les généralissimes décidèrent l'attaque à l'heure X. A l'heure X, la terre, sur des kilomètres à l'entour, trembla, les machines de guerre avançant de façon concentrique, dans un grondement d'apocalypse.

Gilda se mit de nouveau à la fenêtre.

— Ça suffit, criait-elle. Laissez-moi tranquille !

Le déploiement des chars d'assaut ondula, comme s'il était frappé par une vague invisible, les pachydermes d'acier, porteurs de mort, se tordirent au milieu d'horribles grincements, se transformant en petits tas de ferraille.

Le secrétaire général de l'O.N.U. s'avança en arborant un petit drapeau blanc. Gilda lui fit signe d'entrer.

Le secrétaire de l'O.N.U. demanda à la femme de ménage ses conditions pour obtenir la paix : le pays était maintenant épuisé, les nerfs de la population et ceux des forces armées craquaient.

Gilda lui offrit une tasse de café, et dit ensuite :

— Je veux un œuf pour ma petite fille.

Dix camions s'arrêtèrent devant la maison. On en déchargea des œufs de toutes dimensions, d'une beauté fantastique, afin que la petite fille pût choisir. Il y en avait même un en or massif, incrusté de pierres précieuses, d'un diamètre de trente-cinq centimètres.

Antonella en choisit un, petit, en carton de couleur, semblable à celui que la dame patronnesse lui avait enlevé.

---

11. cf. note page précédente. Les quatre organes principaux de l'O.N.U. sont : l'Assemblée générale où sont représentés tous les États membres, le Conseil de Sécurité, beaucoup plus restreint, le Conseil économique et social et le Secrétariat présidé par un Secrétaire général.
12. m. à m. *en tenant haut un petit drapeau blanc.*
13. imparfait de **reggere, ressi, retto**.
14. p. s. irrég. de **dire, dissi, detto** (dissi, dicesti, disse, dicemmo, diceste, dissero).
15. présent de **volere, volli, voluto** (voglio, vuoi, vuole, vogliamo, volete, vogliono).
16. **affinché** est toujours suivi du subj. (marque le but).
17. **scegliere, scelsi, scelto**.
18. ▲ **tempestato** = *incrusté.*

Index

A

abbozzare, *ébaucher* **28**
abbracciare, *embrasser* **128**
l'abitudine (fém.), *l'habitude* **72**
accadere, accaddi, accaduto, *arriver* **148**
accendere, *allumer* **163**
l'acciaio, *l'acier* **194**
accorgersi, accorsi, accorto, *s'apercevoir* **42**
accorrere, accorsi, accorso, *accourir* **146**
l'acquedotto, *l'aqueduc* **152**
addormentarsi, *s'endormir* **124**
adeguarsi, *se conformer* **78**
afflosciarsi, *s'affaisser* **188**
affrettarsi, *se dépêcher* **88**
agevolare, *faciliter* **104**
aggiornarsi, *se mettre à la page* **82**
l'ago, *l'aiguille* **158**
aiutare, *aider* **126**
l'alba, *l'aube* **166**
allegro, *gai* **130**
allontanarsi, *s'éloigner* **180**
l'ambiente, *le milieu* **80**
l'amico, *l'ami* **72**
l'ammasso, *l'amas* **146**
ammazzare, *tuer* **188**
ammucchiare, *amonceler* **142**
l'amore (masc.), *l'amour* **168**
andarsene, *s'en aller* **186**
l'angolo, *le coin* **148**
l'angoscia, *l'angoisse* **28**
annientare, *anéantir* **152**
l'annullamento, *l'annulation* **20**
ansimare, *haleter* **94**
appartarsi, *s'isoler* **132**
appoggiare, *appuyer* **78**
appoggio, *appui* **50**
appurare, *vérifier* **128**
l'architetto, *l'architecte* **140**
l'area, *la zone* **144**
l'arnese, *l'outil* **142**
arrestare, *arrêter* **186**
arrossire (-isco), *rougir* **46**
l'ascensore, *l'ascenseur* **150**
l'ascesso, *l'abcès* **162**
ascoltare, *écouter* **30**
aspettare, *attendre* **38**
l'assegno, *le chèque* **88**
assentire, *acquiescer* **10**
l'asta, *la hampe* **134**
l'atomo, *l'atome* **140**
l'attaccamento, *l'attachement* **170**
l'atteggiamento, *l'attitude* **166**
l'attentato, *l'attentat* **104**
l'attesa, *l'attente* **46**
attrarre, attrassi, attratto, *attirer* **106**
attrezzare, *équiper* **150**
l'autostrada, *l'autoroute* **146**
l'autunno, *l'automne* **72**
l'avvenire, *l'avenir* **166**
l'avventura, *l'aventure* **166**
avvicinarsi, *s'approcher* **76**
avvistare, *apercevoir* **112**

B

il bagno, *la salle de bains* **164**
balbettare, *balbutier* **94**
il balcone, *le balcon* **192**
balzare, *bondir* **98**
il bambino, *l'enfant* **144**
la banca, *la banque* **164**
la bara, *le cercueil* **68**
bastare, *suffire* **148**
la bellezza, *la beauté* **42**
benché, *bien que* **48**
benedire, benedissi, benedetto, *bénir* **122**
la benzina, *l'essence* **90**
la bevuta, *la beuverie* **60**
il bicchiere, *le verre* **124**
il biglietto, *le billet* **176**
il bimbo, *l'enfant* **186**
biondo, *blond* **132**
la boccia, *la boule de pétanque* **128**
il boccone, *la bouchée* **68**
la bolla, *la bulle* **152**
il bollo, *la vignette* **100**
il borghese, *le bourgeois* **78**
la botte, *le tonneau* **148**
la bottiglia, *la bouteille* **124**
il braccio, *le bras* **50**
il briciolo, *la bribe* **106**
il brivido, *le frisson* **134**
bruciare, *brûler* **142**
il buco, *le trou* **20**
il buio, *l'obscurité* **38**
buono, *bon, gentil* **46**
la burrasca, *la tempête* **166**

C
la caccia, *la chasse* **20**
il calcio, *le football* **80**
la caligine, *le brouillard* **74**
caliginoso, *brumeux* **50**
la calzatura, *la chaussure* **140**
il calzolaio, *le cordonnier* **140**
il cambiamento, *le changement* **160**
cambiare, *changer* **184**
la cameriera a ore, *la femme de ménage* **176**
il camino, *la cheminée* **192**
camminare, *marcher* **92**
il campione, *le champion* **98**
il cancro, *le cancer* **138**
la candela, *la bougie* **122**
il cappello, *le chapeau* **176**
il carabiniere, *le gendarme* **126**
la caratteristica, *la caractéristique* **138**
il carbone, *le charbon* **182**
il carcere, *la prison* **28**
la carlinga, *la carlingue* **140**
la carrozzeria, *la carrosserie* **140**
la carta, *le papier* **142**
il cartone, *le carton* **182**
cascare da, *tomber de* **74**
il caso, *le hasard* **20** ; *le cas* **32**
il castigo, *le châtiment* **28**
la cattiveria, *la méchanceté* **156**
cattivo, *méchant* **164**
la causa, *la cause* **144**
cavare, *retirer* **100**
la cena, *le dîner* **192**
il cenno, *le signe* **10**
il centesimo, *le centime* **172**
il centinaio, *la centaine* **140**
la ceramica, *la céramique* **138**
cercare di, *chercher à* **10**
il cerchio, *le cercle* **190**
la certezza, *la certitude* **32**
chiamare, *appeler* **18**
chiedere, chiesi, chiesto, *demander* **20**
il chimico, *le chimiste* **140**
il chirurgo, *le chirurgien* **140**
il cianuro, *le cyanure* **170**
il cibo, *l'aliment* **66**
il cielo, *le ciel* **184**
(in) cima a, *en haut de* **18**
il cimitero, *le cimetière* **134**
la cioccolata, *le chocolat* **176**
il citofono, *l'interphone* **34**
la città, *la ville* **120**
la civiltà, *la civilisation* **80**
la civetteria, *la coquetterie* **46**
collaudare, *vérifier* **114**
collegare, *relier* **140**
la collina, *la colline* **144**
il colore, *la couleur* **82**
(di) colpo, *d'un seul coup* **192**
il coltello, *le couteau* **148**
combinare, *manigancer* **130** ; *organiser* **132**
come mai ?, *comment se fait-il ?* **44**
cominciare, *commencer* **68**
il commiato, *le congé* **106**
commoventi, *émouvant* **46**
comperare **126** ; comprare, *acheter* **86**
il compleanno, *l'anniversaire* **44**
complesso, *global* **142**
comunque, *quoi qu'il en soit* **32** ; *de toute façon* **158**
il condannato, *le condamné* **28**
condurre, condussi, condotto, *conduire* **28**
il confine, *la frontière* **34**
il conforto, *le réconfort* **32**
il congiunto, *le parent* **32**
la congratulazione, *la félicitation* **68**
conoscere, conobbi, conosciuto, *connaître* **20**
consegnare, *remettre* **190**
la conseguenza, *la conséquence* **156**
il consigliere, *le conseiller* **178**
consueto, *habituel* **32**
la consuetudine, *l'habitude* **58**
il contagio, *la contagion* **48**
contraddire, contraddissi, contraddetto, *contredire* **62**
convincente, *convaincant* **14**
il coraggio, *le courage* **96**
la corsia, *la voie, le couloir* **146**
costringere, costrinsi, costretto, *contraindre* **150**
costruire (-isco), *construire* **80**
la cravatta, *la cravate* **160**
la creatura, *l'enfant* **176**
crepare, *crever* **188**
la crisi, *la crise* **10**
la croce, *la croix* **176**
cucinare, *faire la cuisine* **194**
il cuoco, *le cuisinier* **68**
il cuoio, *le cuir* **138**

il cuore, *le cœur* **58**
curiosare, *fouiner* **174**

D

decidere, decisi, deciso, *décider* **20**
degnarsi di, *daigner* **74**
la delicatezza, *la délicatesse* **62**
denunciare, *déclarer* **10** ; *dénoncer* **62**
il desiderio, *le désir* **176**
il detrito, *le détritus* **144**
la diagnosi, *le diagnostic* **66**
il diario, *le journal intime* **156**
dibattersi, *se débattre* **188**
la difficoltà, *la difficulté* **158**
diffondere, diffusi, diffuso, *répandre* **144**
dilacerare, *déchirer* **150**
dilatarsi, *se dilater* **146**
il diploma, *le diplôme* **176**
il direttore, *le directeur* **28**
la disgrazia, *le malheur* **126**
il disgraziato, *le malheureux* **126**
la disperazione, *le désespoir* **130**
il dispiacere, *le chagrin* **30**
dispiacersi, dispiacqui, dispiaciuto, *regretter* **122**
distinguere, distinsi, distinto, *distinguer* **82**
distruggere, distrussi, distrutto, *détruire* **142**
la distruzione, *la destruction* **138**
disturbare, *déranger* **172**
il disturbo, *le dérangement* **68**
il dito, *le doigt* **78**
divenire, divenni, divenuto, *devenir* **50**
divincolarsi, *se débattre* **186**
la documentazione, *la documentation* **148**
il dolore, *la douleur* **30**
la donna, *la femme* **168**
il dono, *le don* **162**
dormire, *dormir* **120**
dotato, *doué* **168**
dovere, *devoir* **28**
il dubbio, *le doute* **62**
il Duomo, *le Dôme, la cathédrale* **164**

E

l'eco (masc. ou fém.), *l'écho* **144**
l'editore, *l'éditeur* **160**
l'elefante, *l'éléphant* **150**
l'episodio, *l'épisode* **148**
l'equilibrio, *l'équilibre* **78**
erigere, eressi, eretto, *construire* **44**
l'errore (masc.), *l'erreur* **10**
l'eruzione, *l'éruption* **148**
l'esagerazione, *l'exagération* **130**
esanime, *inanimé* **188**
escludere, esclusi, escluso, *exclure* **158**
l'esito, *l'issue* **62**
l'esemplare, *l'exemplaire* **158**
l'esperimento, *l'expérience* **170**
esplodere, esplosi, esploso, *exploser* **146**
estendersi, estesi, esteso, *s'étendre* **148**
l'estero, *l'étranger (pays)* **20**
l'età (fém.), *l'âge* **42**
eterno, *éternel* **80**
l'evenienza, *l'éventualité* **104**

F

la faccenda, *l'histoire, l'affaire* **166**
la faccia, *le visage* **44**
la fama, *la renommée* **64**
la fame, *la faim* **192**
famoso, *renommé* **146**
la fantasia, *l'imagination* **162**
il fantasma, *le fantôme* **120**
fantasticare, *imaginer* **24**
fantastico, *fantastique* **140**
fare a meno di, *s'empêcher de* **92**
la farfalla, *le papillon* **104**
il faro, *le phare* **134**
la fede, *la foi* **32**
felice, *heureux* **74**
la felicità, *le bonheur* **34**
il feltro, *le feutre* **76**
il fenomeno, *le phénomène* **80**
fermarsi, *s'arrêter* **48**
il ferro, *le fer* **138**
la festa, *la fête* **132**
fidarsi di, *avoir confiance en* **172**
il fieno, *le foin* **176**
fingere, finsi, finto, *faire*

semblant **92**
fioco, *faible* **152**
il fioraio, *le fleuriste* **68**
firmare, *signer* **88**
la fisima, *la lubie* **74**
il flagello, *le fléau* **144**
la folla, *la foule* **46**
il forestiero, *l'étranger (à la ville)* **18**
il formicolío, *le fourmillement* **166**
la fortuna, *la chance* **20**
la forza, *la force* **98**
la frana, *l'éboulis* **148**
frenare, *freiner* **98**
frugare, *fouiller* **180**
il fruscío, *le bruissement* **104**
fruttare, *rapporter* **168**
fulminare, *foudroyer* **38**
il fungo, *le champignon* **152**
furbo, *malin* **178**
il futuro, *l'avenir* **158**

G

la gara, *le concours, la compétition* **42**
il gemello, *le jumeau* **42**
la gente, *les gens* **72**
il giardino, *le jardin* **120**
giocare, *jouer* **128**
il giocattolo, *le jouet* **182**
il gioco, *le jeu* **34**
la gioia, *la joie* **18**
il gioielliere, *le bijoutier* **166**
il giornale, *le journal* **156**
il giornalismo, *le journalisme* **170**
il giornalista, *le journaliste* **166**
la giovinezza, *la jeunesse* **98**
il giro, *le tour* **66** ; prendere in giro, *se moquer de* **76**
giudicare, *juger* **46**
giungere, *arriver* **58**
la giuria, *le jury* **46**
la gloria, *la gloire* **170**
il globo, *le globe* **170**
la gobba, *la bosse* **150**
godere, *jouir* **164**
il gomito, *le coude* **78**
la gomma, *le pneu* **92** ; *le caoutchouc* **140**
gonfiare, *gonfler* **150**
la gonna, *la jupe* **36**
la governante, *la gouvernante* **184**
la granata, *la grenade* **192**
il grattacielo, *le gratte-ciel* **140**
grazie, *merci* **134**
il guaio, *l'ennui* **190**
guardare, *regarder* **10**

I

l'idea, *l'idée* **162**
l'idiota, *l'idiot* **74**
l'idiozia, *l'idiotie* **162**
ignoto, *inconnu* **142**
illudersi, illusi, illuso, *avoir l'illusion* **20**
impazzire (-isco), *devenir fou* **18**
imperterrito, *imperturbable* **114**
l'impianto, *l'installation* **28**
imponente, *imposant* **138**
imprecare, *maugréer* **112**
(all') improvviso, *soudain* **96**
incespicare, *trébucher* **192**
inciampare, *trébucher* **50**
l'incidente, *l'accident* **148** ; *l'incident* **184**
l'incontro, *la rencontre* **142**
l'incubo, *le cauchemar* **74**
infittirsi, *s'épaissir* **74**
l'ingegnere, *l'ingénieur* **140**
l'ingiustizia, *l'injustice* **188**
l'ingresso, *l'entrée* **178**
ingrossarsi, *grossir* **150**
l'inizio, *le début* **144**
innocuo, *inoffensif* **138**
l'inquietudine, *l'inquiétude* **142**
l'inquilino, *le locataire* **150**
l'inserviente, *l'employé* **142**
l'insulto, *l'insulte* **86**
intanto, *pendant ce temps* **178**
intasare, *obstruer* **146**
intervenire, *intervenir* **44**
intravedere, *entrevoir* **168**
invadere, *envahir* **150**
l'invenzione, *l'invention* **138**
inverosimile, *invraisemblable* **170**
invidiare, *envier* **20**
l'ipotesi (fém.), *l'hypothèse* **32**

L

il labbro, *la lèvre* **44**
lamentarsi, *se plaindre* **32**
il lampione, *le réverbère* **168**
il lampo, *l'éclair* **148**
lasciare, *quitter* **120**

il lato, *le côté* **152**
la latta, *le fer-blanc* **192**
lavorare, *travailler* **80**
il lavoro, *le travail* **62**
il legno, *le bois* **50**
il letto, *le lit* **122**
la letteratura, *la littérature* **156**
il libro, *le livre* **160**
liscio, *lisse* **180**
il livello, *le niveau* **142**
logorare, *user* **142**
la luce, *l'électricité* **112**
lucido, *brillant* **182**
lungo, *le long de* **18**
lusingare, *flatter* **94**
la lussuria, *la luxure* **168**

M

la macchia, *la tache* **106**
la macchina, *la voiture* **86**
la macchina fotografica, *l'appareil photo* **166**
il macellaio, *le boucher* **108**
madornale, *énorme* **180**
la maga, *la magicienne* **128**
magari, *peut-être* **34**
magico, *magique* **158**
il magnetofono, *le magnétophone* **166**
il malessere, *le malaise* **148**
malleabile, *malléable* **140**
il malore, *le malaise* **148**
mandare, *envoyer* **18**
la manica, *la manche* **48**
il manico, *le manche* **148**
la mano, *la main* **52**
il mare, *la mer* **18**
mascherare, *masquer* **94**
il matrimonio, *le mariage* **126**
la media, *la moyenne* **96**
il medico, *le médecin* **60**
(a) memoria, *par cœur* **74**
meno (male che + subj.), *heureusement que* **10**
meno (essere da), *être à la traîne* **22**
mentre, *pendant que* **124**
meschino, *chétif* **42**
il mese, *le mois* **72**
la metà, *la moitié* **140**
il metallo, *le métal* **176**
mica, *pas du tout* **20**
i miei, *mes parents* **18**
il migliaio, *le millier* **140**
il miliardo, *le milliard* **22**
mimetizzarsi, *se camoufler* **114**
minacciare, *menacer* **138**
il ministero, *le ministère* **108**
il ministro, *le ministre* **178**
la miseria, *la misère* **86**
il mistero, *le mystère* **156**
il mobile, *le meuble* **166**
il mobiliere, *le fabricant de meubles* **140**
la moglie, *la femme, l'épouse* **10**
la molecola, *la molécule* **140**
il mollusco, *le mollusque* **146**
la montagna, *la montagne* **144**
il monumento, *le monument* **180**
morire, morii, morto, *mourir* **130**
la morte, *la mort* **34**
il moscerino, *le moucheron* **112**
il mostro, *le monstre* **150**
il motivo, *le motif* **98**
il motore, *le moteur* **86**
il mucchio, *le tas* **176**

N

nascere, nacqui, nato, *naître* **18**
nascondere, nascosi, nascosto, *cacher* **176**
nebbioso, *brumeux* **72**
il negozio, *le magasin* **142**
la neve, *la neige* **144**
il nipote, *le neveu* **126**
il nipotino, *le petit-fils* **68**
noia (avere a), *se lasser* **22**
nonostante, *malgré* **148**
la notizia, *la nouvelle* **128**
la nuca, *la nuque* **170**
nuovo, *nouveau* **98**
la nuvola, *le nuage* **46**

O

gli occhiali, *les lunettes* **10**
l'occhiata, *le coup d'œil* **46**
l'occhio, *l'œil* **132**
l'odore, *l'odeur* **164**
l'officina, *l'atelier* **86**
offrire, offrii, offerto, *offrir* **138**
l'oggetto, *l'objet* **142**
oltremodo, *extrêmement* **56**
l'onomastico, *la fête* **68**
l'onore, *l'honneur* **178**
l'ordine, *l'ordre* **124**
l'orecchio, *l'oreille* **76**
l'orologio, *la montre* **160**

l'orrore, *l'horreur* **14**
ottenebrarsi, *s'obscurcir* **184**
osare, *oser* **190**
l'ospite, *l'hôte* **120**
l'ossessione, *l'obsession* **74**
l'osso, *l'os* **150**
l'ostacolo, *l'obstacle* **164**
ostruire (-isco), *bloquer* **146**
ovvio, *évident* **32**

P

la pace, *la paix* **130**
il paesaggio, *le paysage* **18**
il paese, *le pays* **194**
il paesello, *le petit village* **18**
pagare, *payer* **168**
la pagina, *la page* **160**
il palazzo, *l'hôtel particulier* **58**
la pallina, *la bille* **140**
la palpebra, *la paupière* **58**
il panico, *la panique* **144**
il panorama, *le panorama* **142**
il paradiso, *le paradis* **152**
paragonare, *comparer* **146**
la parete, *le mur* **150**
la parola, *le mot* **76**
il parrocco, *le curé* **68**
il particolare, *le détail* **138**
il partito, *le parti* **76**
il passero, *le moineau* **114**
il patimento, *la souffrance* **186**
patrizio, *patricien* **64**
la paura, *la peur* **30**
la pazienza, *la patience* **60**
pazzo, *fou* **82**
il peccato, *le péché* **120**
peccato, *dommage* **42**
la pellicola, *le film* **146**
il pendío, *la pente* **144**
pensare su, *réfléchir* **86**
il pensiero, *la pensée* **158**
pensieroso, *pensif* **74**
la pensione, *la retraite* **56**
perdonare, *pardonner* **100**
la perfidia, *la perfidie* **182**
la periferia, *la banlieue* **108**
persuadere, persuasi, persuaso, *persuader* **64**
pestare, *rouer de coups* **110**
il pettegolezzo, *le ragot* **20**
il petto, *la poitrine* **130**
il pianeta, *la planète* **144**
piangere, piansi, pianto, *pleurer* **98**
la piega, *le pli* **106**
pietoso, *pitoyable* **130**
la pietra, *la pierre* **186**
il pipistrello, *la chauve-souris* **110**
il piroscafo, *le paquebot* **18**
pittoresco, *pittoresque* **140**
la pittura, *la peinture* **168**
la piuma, *la plume* **140**
il polmone, *le poumon* **74**
la polvere, *la poussière* **22**
il pomeriggio, *l'après-midi* **46**
il ponte, *le pont* **140**
possedere, *posséder* **86**
il posto, *la place* **114**
potente, *puissant* **168**
il potere, *le pouvoir* **158**
il preavviso, *le préavis* **98**
la preda, *la proie* **180**
pregiudicare, *préjuger* **32**
il pregiudizio, *le préjugé* **28**
prendere, presi, preso, *prendre* **68**
il presidente, *le président* **178**
la pressione, *la tension* **74**
il prestigio, *le prestige* **64**
la previsione, *la prévision* **66**
il principio, *le début* **44**
privo di, *dépourvu de* **158**
il prodotto, *le produit* **142**
il profumiere, *le parfumeur* **140**
la prospettiva, *la perspective* **170**
la prova, *l'essai* **168** ; *l'épreuve* **170**
provare, *éprouver* **30**
il pugnale, *le poignard* **168**
il puntiglio, *le point d'honneur* **82**

Q

il quadro, *le tableau* **168**
la quiete, *le calme* **168**
quieto, *tranquille* **172**

R

la rabbia, *la rage* **186**
la raccomandazione, *la recommandation* **178**
il raffreddore, *le rhume* **66**
raggiungere, *rejoindre* **32** ; *atteindre* **150**
raggruppare, *regrouper* **140**
il reddito, *le revenu* **10**
registrare, *enregistrer* **166**

la relazione, *le rapport* **144**
reo, *coupable* **28**
il reparto, *le détachement* **192**
repellente, *repoussant* **150**
repentinamente, *soudainement* **148**
reprimere, repressi, represso, *réprimer* **176**
restituire (-isco), *rendre* **132**
ribaltarsi, *se retourner* **146**
il ricamo, *la broderie* **182**
la ricchezza, *la richesse* **166**
ricordarsi, *se rappeler* **94**
il ricordo, *le souvenir* **74**
ricorrere, ricorsi, ricorso, *recourir* **56**
ridere, risi, riso, *rire* **76**
ridurre, ridussi, ridotto, *réduire* **142**
riferire (-isco), *relater* **148**
il riflesso, *le reflet* **168**
la riga, *la règle* **160**
il riguardo, *le ménagement, le respect* **62**
rimanere, rimasi, rimasto, *rester* **184**
il rimorso, *le remords* **130**
il rimpianto, *le regret* **30**
il rinforzo, *le renfort* **190**
ripetere, *répéter* **170**
risalire, *remonter* **98**
il rischio, *le risque* **158**
rischioso, *risqué* **172**
il riso, *le riz* **126**
risolvere, risolsi, risolto, *résoudre* **142**
risvegliarsi, *se réveiller* **168**
ritrarsi, ritrassi, ritratto, *se retirer* **190**
il ritratto, *le portrait* **122**
rivelare, *révéler* **168**
rivolgere, rivolsi, rivolto, *adresser* **36**
la rivoltellata, *le coup de revolver* **170**
il robivecchi, *le brocanteur* **158**
il rogo, *le bûcher* **50**
il rombo, *le grondement* **194**
rompere, ruppi, rotto, *rompre* **142**
rubare, *voler* **168**

S

la sagoma, *la silhouette* **90**
salvare, *sauver* **156**
il sangue, *le sang* **68**
sapere, seppi, saputo, *savoir* **90**
il sarto, *le couturier* **140**
sbagliare, *se tromper* **62**
sbalordito, *ébahi* **180**
lo sbarramento, *le barrage* **166**
la sbronza, *la cuite* **62**
lo scafo, *la coque* **140**
lo scalino, *la marche* **52**
lo scalpitío, *le piétinement* **50**
scambiare per, *prendre pour* **176**
lo scampo, *le refuge* **152**
lo scandalo, *le scandale* **62**
scannare, *égorger* **110**
scappare, *échapper* **110**
scaricare, *décharger* **194**
scarno, *hâve* **10**
la scatola, *la boîte* **182**
scattare, *bondir* **82**
scegliere, scelsi, scelto, *choisir* **194**
la scelta, *le choix* **22**
scemo, *stupide* **100**
la scena, *la scène* **184**
scendere, scesi, sceso, *descendre* **96**
scettico, *sceptique* **32**
lo scherzo, *la plaisanterie* **36**
schiacciare, *écraser* **80**
la schiera, *le rang* **192**
lo schieramento, *le déploiement* **194**
schierarsi, *se déployer* **190**
lo scienziato, *l'homme de science* **142**
la sciocchezza, *la bêtise* **42**
la scommessa, *le pari* **34**
scommettere, scommisi, scommesso, *parier* **58**
scomparire, scomparvi, scomparso, *disparaître* **126**
sconvolgere, sconvolsi, sconvolto, *bouleverser* **58**
scoppiare, *éclater* **10**
scoprire, scoprii, scoperto, *découvrir* **100**
scorso, *dernier* **78**
scovare, *dénicher* **176**
lo scricchiolío, *le grincement* **194**
scuotere, scossi, scosso, *secouer* **56**
sdegnoso, *dédaigneux* **168**
il secolo, *le siècle* **156**
la sedia, *la chaise* **46**
il segno, *le signe* **194**

il segretario, *le secrétaire* **194**
il segreto, *le secret* **158**
segreto, *secret* **170**
seguire, *suivre* **190**
semplice, *simple* **38**
la sentenza, *la sentence* **28**
seppellire (-isco), seppellii, sepolto, *enterrer* **134**
la seta, *la soie* **114**
la sete, *la soif* **192**
sfogarsi, *se défouler* **74**
lo sforzo, *l'effort* **94**
la sfuriata, *l'algarade* **166**
sgomberare, *évacuer* **190**
lo sgomento, *l'effarement* **148**
la sicurezza, *la sécurité* **76**
il significato, *la signification* **148**
il silenzio, *le silence* **114**
simboleggiare, *symboliser* **36**
simile, *semblable* **158**
il sintoma, *le symptôme* **78**
il sistema, *le système* **50**
sistemare, *arranger* **62**
sloggiare, *déguerpir* **170**
sobbalzare, *cahoter* **192**
la società, *la société* **76, 186**
soddisfare, soddisfeci, soddisfatto, *satisfaire* **76**
la soddisfazione, *la satisfaction* **72**
soffrire, soffrii, sofferto **132**
sognare, *rêver* **20**
il sogno, *le rêve* **18**
il sole, *le soleil* **124**
solito, *habituel* **10**
(di) solito, *d'habitude* **72**
il sollievo, *le soulagement* **104**
il sonno, *le sommeil* **58**
il soprabito, *le manteau* **176**
soprannaturale, *surnaturel* **162**
la sorellastra, *la demi-sœur* **42**
sorgere, sorsi, sorto, *se dresser* **22**
il sorpasso, *le dépassement* **94**
sorprendere, sorpresi, sorpreso, *surprendre* **112**
la sorpresa, *la surprise* **32**
sorvolare, *glisser (fig.)* **18**
la sosia, *le sosie* **130**
il sospiro, *le soupir* **116**
la sostanza, *la substance* **138**
sostituire (-isco), *remplacer* **150**
sottile, *mince* **192**
spaccare, *casser* **150**
spaventare, *faire peur* **58**
spaventoso, *terrible* **168**
lo specchio, *la glace, le miroir* **46**
lo specialista, *le spécialiste* **138**
la specie, *l'espèce* **142**
spegnere, spensi, spento, *éteindre* **80**
spendere, spesi, speso, *dépenser* **88**
la speranza, *l'espoir* **44**
sperare, *espérer* **30**
lo spessore, *l'épaisseur* **146**
spiare, *épier* **172**
spiegare, *expliquer* **80**
spingere, spinsi, spinto, *pousser* **104**
spinoso, *épineux* **106**
spiritoso, *spirituel* **44**
sporgere, sporsi, sporto, *avancer* **44**
lo sportello, *la portière* **188**
spossato, *épuisé* **194**
spostarsi, *se déplacer* **164**
squadrare, *dévisager* **184**
squallido, *misérable* **18**
lo squillo, *la sonnerie* **48**
stabilire (-isco), *établir* **144**
la stagione, *la saison* **120**
la stampa, *la presse* **144**
stanco, *fatigué* **160**
la stanza, *la pièce* **18**
la stoffa, *l'étoffe* **138**
stolto, *stupide* **30**
le stoviglie, *la vaisselle* **140**
strano, *étrange* **162**
strappare, *arracher* **156**
lo stregone, *le sorcier* **82**
stretto, *étroit* **22**
lo strido, *le cri* **110**
stritolare, *broyer* **146**
lo studio, *le bureau* **160**
stupendo, *superbe* **130**
subito, *tout de suite* **36**
succedere, successi, successo, *arriver* **44**
il successo, *le succès* **82**
superare, *dépasser* **142**
supino, *sur le dos* **56**
la superficie, *la superficie* **178**
supplicare, *supplier* **98**
supporre, supposi, supposto, *supposer* **32**
sussurrare, *murmurer* **76**
svegliarsi, *se réveiller* **124**
lo sviluppo, *le développement* **138**

T

tagliare, *couper* **92**
tamponare, *tamponner* **146**
la tapparella, *le store* **168**
il telefono, *le téléphone* **134**
il teleschermo, *l'écran de T.V.* **148**
temere, *craindre* **30**
tempestato, *incrusté* **194**
(in) tempo, *en temps voulu* **178**
la tenda, *la tente* **46**
il terremoto, *le tremblement de terre* **166**
il terrore, *la terreur* **30**
il tesoro, *le trésor* **172**
togliere, tolsi, tolto, *enlever* **78**
tornare, *revenir* **96**
la torre, *la tour* **120**
traboccare, *déborder* **146**
tradire, *trahir* **170**
il traguardo, *l'objectif* **22**
il trambusto, *le remue-ménage* **178**
trattarsi di, *s'agir de* **28**
la trave, *la poutre* **146**
la tregua, *l'arrêt* **150**
tremare, *trembler* **194**
tremendo, *terrible* **138**
tremulo, *tremblant* **96**
trovare, *trouver* **182**
il tumore, *la tumeur* **162**
la turba, *la foule* **152**

U

udire, *entendre* **96**
l'ufficiale, *l'officier* **192**
l'ufficio, *le bureau* **10**
l'umanità, *l'humanité* **138**
l'umiliazione, *l'humiliation* **186**
l'uniforme, *l'uniforme* **166**
urlare, *hurler* **186**
l'urlo, *le hurlement* **52**
uscire, *sortir* **52**
l'uso, *l'usage* **138**
l'utensile, *l'ustensile* **142**

V

valere, valsi, valso, *valoir* **168**
vantaggioso, *avantageux* **138**
la varietà, *la variété* **140**
il veleno, *le poison* **28**
le velocità, *la rapidité* **164**
la vergogna, *la honte* **180**
vestirsi, *s'habiller* **128**
i vestiti, *les vêtements* **140**
il vestito, *la robe* **44**
il vetro, *le carreau, la vitre* **82** ; *le verre* **138**
via (dare il), *donner le signal du départ* **176**
il vigile del fuoco, *le pompier* **52**
visitare, *examiner (sens médical)* **74**
vispc, *éveillé* **176**
la vita, *la vie* **98**
la vittima, *la victime* **150**
vivo, *vivant* **30**
il vizio, *le défaut* **90**
il vocabolo, *le terme* **158**
la voce, *la voix* **48**
la voglia, *l'envie* **112**
volere, volli, voluto, *vouloir* **20**
voler bene a qualcuno, *aimer quelqu'un* **20**
la volontà, *la volonté* **176**
la voluttà, *la volupté* **166**
vulcanico, *volcanique* **148**

Z

la zanzara, *le moustique* **112**
zavorrare, *lester* **142**
la zia, *la tante* **18**
zoppicare, *boiter* **42**
zoppo, *boiteux* **48**

MIXTE
Papier issu de
sources responsables
FSC® C003309

Pocket, une marque d'Univers Poche, est un éditeur qui s'engage pour la préservation de son environnement et qui utilise du papier fabriqué à partir de bois provenant de forêts gérées de manière responsable.

Imprimé en France par

CPI
BUSSIÈRE

à Saint-Amand-Montrond (Cher)
en juillet 2014

POCKET – 12, avenue d'Italie – 75627 Paris Cedex 13

N° d'impression : 2010845
Dépôt légal : mai 2004
Suite du premier tirage : juillet 2014
S13977/09